日本の城の謎〈築城編〉

井上宗和

祥伝社黄金文庫

（この作品『日本の城の謎〈築城編〉』は、昭和六十一年十一月、
祥伝社黄金文庫から刊行されたものの新装版です）

まえがき

大坂《おおさか》城のいちばん大きな石垣の石には、「たこ石」という名がついていて、その重さは、実に一四〇トンという。もちろん、実際に計量したわけではないのだが、タテ・ヨコ・奥行きの大きさから概算したものだ。昔の日本人は、城造りにこんな大石を、どうして運んだのだろうか。

金沢《かなざわ》城は扇状《せんじょう》台地にあって、城地としては理想的なのだが、川はみな低い所を流れて、水は十分に得られない。しかし、金沢城は兼六園《けんろくえん》の池をはじめ豊かな水をたたえている。彼らは動力ポンプなどのない時代に、どうやってこのような大量の水を低い所から引き揚げたのだろうか。

名将、武田信玄《たけだしんげん》は城を重要視し、多くの城を造り、居城もまた立派なものだった。それなのに、なぜ「人は城、人は石垣、人は堀」といって城を造らなかった、などという話がまことしやかに伝わっているのだろうか。

日本の城にはどの城にも、抜《ぬ》け穴《あな》や、構造上のからくりがあったと伝えられ、謎と秘密に満ちて好奇心を誘《さそ》う話が多い。そして、その謎のほとんどは今でも、十分解明されていない。日本の城に謎や秘密が多いのは、城が造られる当初から機密性を持っていたからだ。城は敵を防ぐための備えだから、その構造が一般にわかっては用をなさない。そのために当然、秘密が保たれた。そして、それは長い間〝城の謎〟として秘《ひそ》かに伝えられてきた。

私が日本の城の研究に取り組むようになってから三十年になる。日本の城の研究と並行して、世界の城を見に出かけた。そこには、それぞれの民族の知恵と技術を賭《か》けた城があった。帰国後、もう一度日本の城に接したときに、私は驚嘆の目でそれを見なおさなければならなかった。そこには世界のどの城に比べても、勝《まさ》るとも劣らない私たち祖先の知恵と技術が見出《みいだ》せたからだ。

すぐれた城は、すぐれた文化を持った民族にしか造れないという事実を、私は自分の目ではっきり見た。そのことはまた、世界の歴史も証明している。日本の城は、私たち祖先がすぐれた知恵と技術をもっていたという証《あか》しである。そのすぐれた城の謎が今まで解明されなかったのは、城そのもののもっている機密性が、私たちの前に固く扉を閉ざしているからかもしれない。あるいは、城が日本人の心の故郷《ふるさと》としてあまりにも親しまれ、私たちが城造りに費やされた偉大な技術や知恵を身近に感じすぎて、見落としてきたせいかもしれない。

ともあれ、この本では日本の城のもつ謎と秘密に取り組んでみた。そのことが、この本を読む方の興味とともに、日本人のすぐれた思考が再認識される機縁ともなれば幸いである。

この本をはじめて出してから、十年余りになる。その間に城についての新しい発見や解明された事実がある。文庫として出すに当たって、これを補足した。

井上《いのうえ》宗和《むねかず》

日本の城の謎　築城編　目次

2

なぜ名城には人柱《ひとばしら》伝説があるのか　47

――伏見櫓《ふしみやぐら》に十六体の白骨、江戸城人柱の謎

〈史跡〉江戸城　江戸城伏見櫓　松江城　郡上八幡城　宇和島城

6 なぜ大坂城の土塁《どるい》は石垣に変わったのか 185

――驚異の技術、大坂城巨石運搬の謎

〈史跡〉 大坂城 清洲城 小牧山城 名古屋城 二条城 江戸城

7 なぜ難攻不落《なんこうふらく》の小田原《おだわら》城は落ちたのか　219

――戦乱の最盛期、小田原無血開城の謎

〈史跡〉　小田原城　早雲寺　堀越館　韮山城　石垣山一夜城

装丁　萩原弦一郎（256）
地図作製　Lotus　林雅信
写真　日本城郭協会所蔵

1

なぜ秀吉《ひでよし》は城攻めの天才と呼ばれるのか

——戦国時代の悲惨、鳥取城攻城戦の謎

〈この章に登場する主な史跡〉

長篠城

鳥取城

高松城

上田城

●城攻めの情況判断には七つの原則があった

江戸時代につくられた彩色《さいしき》の版画には、戦争の絵が多い。そのなかの一つに、「織田信長越前攻めの図《おだのぶながえちぜん》」というのがある。どこの城とははっきりしないが、相当な構えの城を信長の将兵が攻めている。濠端《ほりばた》に足軽《あしがる》の鉄砲隊が一列に並び、一斉《いっせい》射撃をし、その援護で城の石垣をよじ登っているのもいれば、大手《おおて》とおぼしい橋を馬で一番乗りしている武者もいる。大砲《おおづつ》も使われていて、城内はすでに火災を起こしているが、城内の兵もまだがんばって交戦中である。攻城軍の後方には、信長がいちだんと立派な鹿毛《かげ》の馬に乗って軍装も美しく、諸将の旗印もきらびやかになびいている。

もちろん抽象的な絵だが、城攻めの風俗画としてはおもしろい。

戦国時代の戦争で、もっとも通常なのは野戦なのだが、敵が城に籠《こも》ったり、敵方の城があって前進の障害になる場合には、城を攻めなければならない。

城をどう攻めるか。その上手《じょうず》、下手《へた》が、名将と凡将の分かれ目でもある。味方の損害をできるだけ少なくして効果的に落城させる。そのために城攻めの戦術が発達した。

江戸時代になると、軍学者が戦国時代の実例を分析して、城攻めの法則を作り出したが、戦国時代には、もっぱら実戦の経験と、武将の才能である。

当時は、中国の兵法書が武将の基本的な教養書として読まれたので、中国の兵法は大いに参考にされている。

『孫子《そんし》』という本では、「城を攻めるのには、城を守る兵の十倍以上の兵を必要とする」としている。

城は、もともと少ない兵力で数倍の敵に当たるように、天然《てんねん》の要害《ようがい》、人工の防御物で守られているので、大兵をかかえた大将でも、なまじ城攻めの戦術を誤ると反撃され、かえって敗れることにもなりかねない。

戦国時代になって攻城戦が多くなると、武将たちも城を攻める技術を研究した。その結果、城攻めの秘法なるものが生まれた。

この秘法は、もちろんオールマイティの術ではなくて、どのような城攻め法を用いるかは攻める大将の決断によるが、その情況判断のもとは次の七つの項目による。

織田信長越前《えちぜん》攻めの図

○敵味方の兵力の差
○城の地形、防御力の程度
○守城の大将の器量《きりよう》（武将としての才能）
○城中の兵士の士気
○城内の武器の種類とその量
○水、食糧の保有量と供給の如何《いかん》
○守城側に援軍のくる有無

これらをよく検討した結果、城攻めの方法を決めた。そしてその戦術には、正攻法のほかに、「兵糧攻め《ひょうろうぜ》」「水攻め」「火攻め」「もぐら攻め」の四つの方法があった。

●時間の余裕と大軍があれば兵糧攻め、水攻め

城を完全に包囲して補給ルートを断ち、城内の物資の尽きるのを待つのが「兵糧攻め」の方法である。

飲用水の水源を断てばさらに効果的であった。攻城側の兵力の損害が少ないので、しばしば用いられた。この方法をとるためには、

○圧倒的な大軍で城を完全に包囲しきること
○時間の余裕が十分にあること
○城に援軍がこないか、たとえきても攻撃側が撃退できる余力のあること

などの条件が必要であった。

この兵糧攻めに備え、城では平時から食糧の貯蔵、水源の確保に十分に手を打っていた。とくに水は、毎日かかせないものだから城を造るときから、水利には配慮している。

たとえば丸亀城《まるがめ》（香川県）では、籠城《ろうじょう》の本拠となる丘陵部の水を確保するため、城内に九つの井戸が掘られた。そのなかの一つの井戸は深さ三十六間（約六六メートル）もあった。

また、姫路《ひめじ》城には三十三の井戸があり、その一つ備前《びぜん》丸の井戸は約三〇メートルの深さであった（姫路城の井戸については、5章でくわしく述べる）。熊本城では

井戸の数は百二十余といわれ、これらは重要な水を確保するために難工事のすえ得られた井戸であった。

深い井戸が掘れない場合は、城中の湧《わ》き清水《しみず》を利用するか、用水桶《おけ》を設けて雨水をためた。谷間から樋《とい》を利用して水を引く場合は、敵に見つからないように、土中に管を埋めた。

水とともに重要な食糧は、米倉《こめぐら》、塩倉《しおぐら》などの倉庫を城内の重要地点に設け、平時から小さい城でも数カ月、大きい城になれば数カ年の食糧を貯《たくわ》え、とくに保存食の貯蔵につとめた。

城内に果実や食用になる草木を植えることは、城造りの定法《じょうほう》であり、籠城に備えたものである。

また、畳につめる藁《わら》のかわりに、干《ほ》した芋《いも》の蔓《つる》とか干わらび、干ぜんまいの類《たぐい》を使った。壁の中に保存に耐える食糧を塗り込んだといった伝説さえも生まれている。

攻城戦での兵糧攻めの代表的な例として、羽柴《はしば》（豊臣）秀吉《ひでよし》による三木《みき》城（兵庫県）攻め、鳥取《とっとり》城攻めなどが知られている。実例は、あと回しにして、次に水攻めを、説明しよう。

城にとって井戸は大切であった（姫路城のお菊井戸）

城の外側に堤《つつみ》を築き、河川《かせん》や湖沼《こしょう》から水を引き込んで、城を水中に孤立させる戦術が「水攻め」である。

城は当然、外部との連絡や補給ルートも断たれる。大土木工事による水攻めは、規模の大きい攻城法である。したがって攻城側は、兵糧攻めを行なうのと同じ条件が必要となる。長い日数をかけ、莫大な労力の土木工事をしてまで攻めるのは、兵力の損害を極力避けようとする考えからだった。

〝土木狂い〟といわれた秀吉が、この攻め方を多く利用している。天正《てんしょう》十年（一五八二）の高松《たかまつ》城（岡山県）攻め、天正十二年に織田信雄《おだのぶかつ》の籠《こも》る美濃竹ヶ鼻《みのたけがはな》城（岐阜県）攻め、天正十三年の太田《おおた》城（和歌山県）攻め（雑賀《さいか》攻めともいう）など、いずれも水攻めで落城させている。

また、石田三成《いしだみつなり》も小田原征伐のとき、北条氏に属する忍《おし》城を水攻めしているが、これも実例をあとで説明する。

城の水攻めとは、通常、城を水の中に没したり孤立させる法である。これを「灌水攻め《かんすい》」という。食糧攻めと同じように、城内の飲料水を断つ方法を「干渇《かんかつ》攻め」といって区別している軍学者もある。

火除《ひよ》けのシンボルとされた鯱《しやち》（名古屋城）

●ゲリラ的色彩の強い火攻め、もぐら攻め

火矢《ひや》、石火矢《いしびや》などを城内に射ち込んで、火災を起こさせる方法が「火攻め」である。忍者を潜入させて放火させる方法などがある。

日本の城は、木造部分が多いから火には弱かった。そのため城は、平時でも失火をした者に厳罰を科したが、肝心の防火設備といえば、城内の要所に防火用水の桶を備えるか、類焼を防ぐために建物の間隔をとって建てる程度である。もちろん戦時には、防火要員を配置して火攻めの警戒はした。

城の天守、櫓《やぐら》、城門、御殿などの屋根の上に飾られた鯱《しゃち》は、この魚が水を吹くという故事から、火除《よ》けのシンボルとしたものである。

火攻めは実際に効果があったが、それ以上に守城側に心理的不安、焦燥《しょうそう》感を与え、戦力を低下させるのに有効だった。

いま一つ、「穴攻め」ともいい、外から城内に地下道、トンネルを掘ってそこから攻め入るか、爆薬を仕掛けて城を爆破するのが「もぐら攻め」である。あるいは櫓や城門や石塁《せきるい》を陥没させる、という戦術で、慶長《けいちょう》十九年（一六一四）大

加藤清正《きよまさ》が朝鮮出兵のときに使ったといわれる亀甲《きつこう》車

坂冬の陣で徳川軍がこの方法を使ったが、心理作戦としては有効だったが、実際の効果はあまりなかった。

城攻めの戦術ではないのだが、戦国時代の盛時には城攻めの兵器が発明されている。その一つは亀甲車《きっこうしゃ》、これはいわば戦車だ。

『黒田家譜《くろだかふ》』という本によると、これは黒田長政《ながまさ》と加藤清正《きよまさ》が朝鮮出兵のときにはじめて使った。

車軸の低い頑丈《がんじょう》な車の上に、丈夫な板を亀の甲のようにかぶせ、その上には生《なま》の牛の皮を張った。これは火除けのためだが、のちには鉄板の被甲《ひこう》も考えたらしい。

兵士が中に入り石垣に近づくと、大きな金槌《かなづち》で石垣を壊《こわ》す。車の後ろに綱がついていて、上から大石を落とされそうになったり、火をかけられて熱くなったときなどは、急いで味方の陣まで引き戻した。

これが戦国のはじめにでも発明されていたら、いろいろとおもしろい城攻めのエピソードなどできたかもしれない。

同じような名の亀甲船《きっこうせん》というのがある。今でいう潜水艦で、大坂の陣のとき九《く》鬼《き》水軍の長、九鬼守隆《くきもりたか》が発明したというが、このほうは陸上の城攻めには関係ない。

いま一つ釣井楼《つりせいろう》というのがある。これは移動用の物見《ものみ》で、人間が一、二人乗れる四角い頑丈な木の箱に狭間《はざま》のついたものを、高い柱の上に吊り上げるのである。これで城内の様子をのぞくのだが、城内からも射撃されるから、鉄砲の威力圏内では相当危険なものだ。物見が主で、攻撃用ではないから、ヨーロッパの攻《こう》城塔《じょうとう》とは目的が異なる。

ほかにも城攻めのための工夫は数多い。しかし、もっともオーソドックスな城攻めは正面から武力で攻める正攻法であった。

日本の攻城戦史に現われた異色の城攻めをさぐってみよう。

●なぜ武田軍団は長篠《ながしの》城を落とせなかったのか

天正三年（一五七五）五月、武田勝頼《かつより》は一万五千の軍勢で、徳川家康に属する長篠城を攻めた。守る城主は奥平貞昌《おくだいらさだまさ》で、松平景忠《かげただ》、松平親俊《ちかとし》が参謀《さんぼう》格。城は東に大野《おおの》川、西に滝沢《たきざわ》川の合流する絶壁の上に築かれ、規模こそ小さいが天険の要害《ようがい》で、信濃《しなの》から三河《みかわ》に通ずる街道の要衝《ようしょう》である。長篠城は愛知県の豊橋から長野の飯田《いいだ》に通じるJR飯田線の長篠城という駅に近く、歩いて十分くらい。今は城跡を訪ねると、わずかに塀が立っているくらいだが（編集部注・現在は長篠城址史跡保存館ができている）、川にのぞむ断崖は昔のままの険しさを伝えていて、眺めもよい。

武田方《がた》は、城兵の二千に比べると圧倒的大軍で四方を包囲した。城兵もよく守ったが、しだいに本丸《ほんまる》近くまで追いつめられ、開戦六日目には兵糧倉が奪《と》られ、城内の糧食は残すところわずか五、六日分というピンチに陥った。

このとき、伝令として鳥井強右衛門勝商《とりいすねえもんかつあき》という侍が夜中に城を抜け出て絶壁を下り、川を渡り切って脱出に成功した。彼は近くの雁峯山《かりみね》に登って狼煙《のろし》を上げ、城中に脱出成功を知らせると、岡崎へ急行して信長・家康に救援を頼んだ。

彼は役目を果たして単身城へ帰る途中、敵に捕らえられ、城の前にはりつけにされ、援軍はこないといえば助けると武田軍に強《し》いられるが、援軍はくるぞ、と大声で告げて殺されてしまう。

まもなく信長・家康の援軍が城外に到着し、長篠城外設楽原《したらがはら》の戦いがはじまるが、わずか一日の戦闘で武田方は総敗北してしまった。

この長篠の攻城戦は、大軍に包囲された城でも援軍があれば城は落ちない、ということと、武田勝頼が城攻めの方法を誤った、という例である。この場合は、味方の損害を顧《かえり》みず、強引《ごういん》に正攻法でも落とさなければならなかったのだ。

設楽原の野戦で、幾多の勇将をもつ武田勢が簡単に敗れたのは、鉄砲という近代兵器への認識が遅れていたからであった。信長・家康の連合軍が鉄砲隊を組織的に編成していたのに対し、武田方は散発的な狙撃《そげき》兵しかいなかった。

この鉄砲の使い方の違いが、勝敗を決定的なものにしたのである。

長篠城外に陣取った信長・家康連合軍は、馬防《ばぼう》柵という、木を尖《とが》らして敵方に向け、斜めに植え込んだ頑強な柵を張りめぐらし、この柵に沿って鉄砲隊を配置した。武田方は総大将勝頼の指揮の下《もと》に、騎馬で連合軍に襲いかかったが、馬防柵に阻止されて馬が立往生する隙《すき》に三千挺《ちょう》の鉄砲隊の一斉射撃を受け、武田軍の誇る騎馬隊が、あっというまに壊滅的打撃を受けてしまった。

長篠城の鳥井強右衛門勝商の伝令の話は、一つのエピソードである。いずれにしても長篠城の場合は救援軍がかけつけ、落城は免《まぬ》がれることができたのであろう。

むしろ、この戦闘で注目すべきは、鉄砲による日本の戦争の変化である。

●二年もかけて三木《みき》城を落とした秀吉の兵糧攻め

天正六年（一五七八）、羽柴秀吉は三万の軍勢で別所長治《べっしょながはる》の率《ひき》いる播磨《はりま》の三木城を攻めた。中国の覇者《はしゃ》・毛利《もうり》一族を下さんとする織田信長の前哨《ぜんしょう》戦であった。三木城は姫路の東方二七キロの地点にあって、現在は神戸電鉄粟生線・三木上の丸駅から徒歩五分。三木市は人口も八万たらずの小都市、城跡はあとかたもない。しかし、昔は中国地方と京都、大阪を結ぶ山陽道《さんようどう》の重要な連絡地であった。

三木城攻めの戦いは、二年にもわたる包囲のすえ兵糧が尽き、別所一族の自決で落城となるが、その間の包囲を崩そうとする毛利軍と秀吉軍との激しい機動力の争いでもあった。

武力による正攻法では味方の損害が多く、容易には落ちないと判断した秀吉は、城を包囲し、補給路の封鎖に全力を注ぎ、まず城の西南にある魚住《うおずみ》街道からのルートを封じた。

毛利方は花隈《はなくま》城（神戸市生田区）から淡河《おうごう》の別の道を補給路としようとしたが、これを知った秀吉軍は、先手を打って丹生《にゅう》・淡河城を占領した。

毛利方はこんどは秀吉軍の封鎖陣を避けて、加古川左岸に沿って迂回《うかい》し、三木城の東北部の平田《ひらた》・大村《おおむら》というところからの補給を試みた。だがこの動きも秀吉軍に知られ、毛利方は補給の物資を動かしているところを襲われ、分捕《ぶんど》られてしまった。

すべての補給路と援軍を断たれた三木城は完全に孤立し、開戦から二年目の天正八年一月、これまでと判断した別所長治《べっしょながはる》は弟友之《ともゆき》、叔父賀相《よしすけ》とともに自決した。

この戦いで秀吉は、戦略物資の調達輸送や用兵の敏速性を発揮して勝利をおさめた。それでも別所長治の戦意が堅かったため、三木城の攻略には二カ年の歳月を要したのだ。

この城攻めに二カ年も費《つい》やしていることから、華やかな戦勝とはいえないが、包囲戦による兵糧攻めの戦術が功を奏し、末期の三木城内の惨状は、日本攻城戦史中でも有数なものである。

秀吉はのちに、「三木の干殺《ほし》し、鳥取の渇殺《うえ》し」といって当時の戦略を自慢したという。

●人肉まで食べた鳥取城の籠城《ろうじょう》兵

一九七二年、南米のアンデス山中で飛行機が不時着し、生き残った人たちが死んだ人の肉を食べたことが世界中に報道された。本まで出版されて、その是非《ぜひ》が論議された。極限に近い人間の心理というものは、経験してみなければ他人にはわかるものではない。

今から四百年ほど前の戦国時代、鳥取城で籠城の最中、人食い事件が起こっている。

天正八年（一五八〇）九月、秀吉は三万の大軍を率いて鳥取城を攻めた。

山陰本線鳥取駅を下りて北東に二キロメートルほど、鳥取城は平野の中心に立つ二四六メートルの久松山《ひさまつ》に造られた山城《やまじろ》である。山は天険の要害のうえ、防備も十分で城兵四千の戦意も高い。城主山名豊国《やまなとよくに》ははじめから弱腰で、秀吉の誘いにのってすぐ降伏した。しかし、城兵は承知せず、天正九年二月に毛利から名将の誉《ほま》れ高い吉川経家《きつかわつねいえ》を城主に迎えて、抗戦することになった。

城が堅固で、秀れた城将がおり、将兵の戦意も十分となると、秀吉の大軍でも正攻法ではこの城は落とせない。長期の包囲作戦をとった。

しかしさすがは秀吉。城の包囲に先立って謀略を用いている。まず若狭《わかさ》の商人に命じて若狭、丹後《たんご》、但馬《たじま》の米を買い占めさせた。次には因幡《いなば》の米をさらに高値で買い集めた。どんどん米の値が上がったので、鳥取城の兵糧係もまんまとひっかかった。山名豊国が城の米倉の米まで売ってしまったので、吉川経家が城主として入城したとき、城内には米がわずかばかりしか残っていない。急いで米を買い集めようとしたが、すでに手に入らなかった。

鳥取城の包囲戦は大規模なものだった。

秀吉は久松城に相対する東側の帝釈山《たいしゃくさん》に本陣をおき、鳥取城の城の周囲三里（約一二キロメートル）にわたって堀を掘り、土塁を築き、柵や塀をめぐらして城内と城外を遮断《しゃだん》した。要所には井楼《せいろう》、二重、三重の櫓《やぐら》を設け、さらに毛利方の救援に備えて陣地の後方にも堀や土塁を築いた。

夜は一、二間（約三・六メートル）おきに篝火《かがりび》をたき、警戒を厳重にした。海上には三百隻《せき》の水軍が待機し、敵方の海上からの通行を断絶し補給を断った。

秀吉のほうは丹後、丹波から兵糧なども軍船で補給された。鳥取城は、はじめにも書いたように、要害なのだが、糧食の不足は致命的である。

もともと貯蔵米を高値で売って、あとで安い米を補給するつもりだったのが、米も麦もまったく入らないため、城中は数十日で飢餓《きが》状態に陥った。木の根、草の葉、虫けら、ねずみ、猫、犬なんでも食べた。ついに馬まで殺して食べた。あらゆるものを食べ尽くし、とうとう死んだ人の肉まで奪い合って食べるという、生き地獄になってしまった。

秀吉の軍は包囲陣を布《し》いてのんびりしたものだ。陣地内には食物や日用品を売る店までできて、果ては春をひさぐ女の嬌声《きょうせい》まで聞こえたので、城内はますますガックリときた。このときの様子を『太閤記《たいこうき》』では次のように記している。

ここでは、とくにその原文（仮名《かな》遣いは現代仮名遣いに直した）のまま載せておこう。

「爰《ここ》に哀《あわれ》を留《とどめ》しは、今度籠《こもり》ぬる男女共《なんにょども》、頓《にわか》の事なるにより、十日二十日の糧《かて》のみ用意しければ、程《ほど》もなく餓《うえ》に望み、餓莩《がひょう》の者若干其数《そくばくそのかず》を知らず。柵際までよろぼい出《いで》、立ち帰る形勢《ありさま》、よろ〳〵よわ〳〵とし、たお（倒）れては立ち、たってははは倒れ、帰りがとうぞ見えにける。実に絵にかける餓鬼《がき》の、真黒にやせ衰えたる男女数多《あまた》よろぼい来つつ、もだえこがれ、ひらに引出し助けてたべよ〳〵、と呼《よば》わり叫ぶ声、強《あながち》に高くは聞（こ）えざれ共《ども》、何となく物悲しうぞ覚えたる。

中にも苅田《かりた》せし稲《いね》かぶをば、上食と思い、争《きそ》いあいて、気を取失《うしな》いし者もあり。後にはかようの物も事尽（き）て、牛馬をさし殺し食せしが、馬肉に酔て死《しす》るも有。年来《としごろ》ひぞうせし道具を持来《もちき》て、是にかえてたべ候えよ〳〵、と、侘《わび》悲む体も亦哀《またあわれ》なり。是《これ》全く民の為にして興《おこ》す義兵にあらざれば、かようの報《むくい》も、積りて、其《その》行末いかゞあらんと、心有るは悔《くい》にけり。分《わけ》ていと不便《ふびん》なるは、柵を乗越《のりこえ》出《いで》んとせし餓鬼《がき》をば、鉄炮にてうち倒し侍《はべ》るに、未死《いまだしに》もやらで片息《かたいき》なる者を、男女こぞって、或《あるいは》小刀、或菜刀、或かま手々《てんで》に持来て、続節《つぎぶし》をはなち、みとる事、恰《あたかも》屠者《としや》が牛馬の皮を剝《はぐ》に似《に》たるが如し。佳味《かみ》は首《こうべ》に有《ある》やらん、奪《うばい》あい争う事甚《はなはだ》し。云《といい》レ袷云《かれといい》レ恰《これ》哀なる事共、たとえんとするに物なし」

同じような話が太田和泉守牛一《おおたいずみのかみぎゅういち》の筆になる『信長公記《のぶながこうき》』（「しんちょうこうき」とも読む）にも『因幡民談記《いなばみんだんき》』にも見られる。

このような悲惨な籠城を見かねた吉川経家《きっかわつねいえ》は、部下の助命を条件として自決し、天正九年十月、包囲されてから五カ月で鳥取城は落城した。

日本の籠城戦で、食物がなくなり死人の肉を食べた話は、他にも二、三ある。実際にはもっと多いのだが、鳥取城のものがもっとも有名である。

●高松《たかまつ》城水攻めにみる城攻めの天才秀吉

日本の攻城戦記を拾ってみると、奇策、秘策を使っているのは秀吉がやはりいちばん多い。

高松城跡は岡山の中心から西北約八キロメートルの、岡山市北区高松にある。駅は備中《びっちゅう》高松、城跡に水攻めの碑や説明板が立っているが、かつて日本でも特異な水攻めが行なわれたという面影《おもかげ》はいまはあまりない。高松城は平城《ひらじろ》だ。周囲は沼で囲まれ、西南には足守《あしもり》川が流れ、南面と北側は低い山があって出城《でじろ》が築かれていた。

天正十年（一五八二）五月、羽柴秀吉は三万の軍勢で、清水宗治《しみずむねはる》の守るこの高松城を攻めた。まず城の周囲にある砦を次々と落とし、いよいよ本城の攻撃に入ったが、守城側の反撃が鋭く、犠牲も多くなりそうなので、正攻法での攻撃をやめ、川の増水期を利用しての水攻めという作戦に戦法を変えた。

六月のはじめから、水攻めのため足守川の堰《せき》止め工事と、堤防工事が大規模にはじまった。氾濫《はんらん》させた水を支えるために築く堤防は、長さ二十六町（約二八四

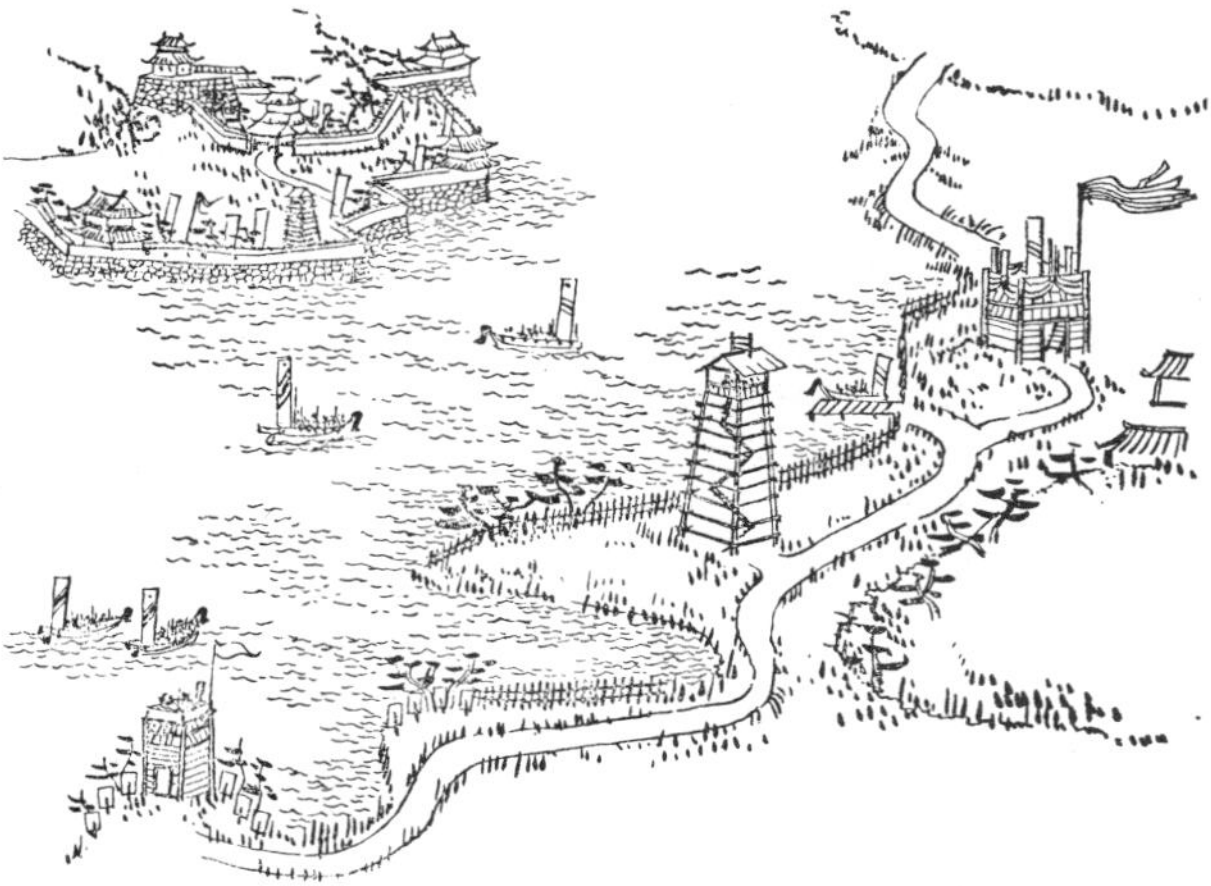

城攻めの天才秀吉が組んだ高松城水攻めの陣絵図(上)と城跡(下)

四メートル）、高さ四間（約七・二メートル）、幅は基礎部が十二間（約二二メートル）、上が六間（約一一メートル）という大きなものだった。さらに、城の東北部の丘陵間を流れる長野川をも堰《せ》き止めて氾濫させ、足守川の水と合流させた。堤防には土俵を使ったが、この運搬のため、土民に土俵一袋につき銭百文、米一合が与えられた。当時の物価を考えるといい値段だが、戦時中だから秀吉は金に糸目をつけなかったのだろう。

この大工事が、わずか十二日間で完成したというからすごいスピードだ。堰を切られた河川の水が怒濤《どとう》のように城を浸した。おりからの梅雨に水はさらに急速に水嵩《かさ》を増し、城の周囲は湖のようになってしまった。さらに水位は刻々と高まっていく。

このころ、高松城の援軍として毛利軍約三万の大軍が駈《か》けつけていた。しかし、天候や地形の関係で容易に動けず、秀吉の背後の信長の動きなども警戒し、大きな行動を起こさない。むしろ、秀吉の軍との戦闘を避け、和議の交渉に乗り出した。

せっかくの援軍もまにあわず、泥水の湖沼に孤立した城内には不安の気がしだいに高まる。清水宗治は、もはやこれまでと将兵の生命の保証を秀吉からとりつけて自害し、城を明け渡した。

この戦いは、日本の攻城戦史に残る水攻めのもっとも有名な話だが、攻撃がはじまってから落城までわずか一カ月である。城攻めの兵力には諸説あって、当初三万でのち五万ともいうし、城兵も二千とも五千ともいう。

しかしいずれにしても、ここで物語られていることは、秀吉という武将の城攻めの巧みさであり、その秘法ともいうものは地形を見る目の的確さと、情勢の判断の敏速さであった。彼こそは、城攻めのコンピュータのような人間だ。

●完全に失敗した石田三成の忍《おし》城攻め

武蔵《むさし》国忍城跡は今の埼玉県行田《ぎょうだ》市内にあるが、今の城趾にはかつての〝忍の浮城《うきしろ》〟として、関東七名城の一つに数えられた面影《おもかげ》はすでにない。

天正十八年六月、豊臣秀吉は小田原征伐の別動隊として、石田三成、大谷吉継《おおたによしつぐ》、長束正家《なつかまさいえ》の三人に北条氏に属する上野《こうずけ》（群馬県）の館林《たてばやし》城と武蔵の忍城の攻略を命じた。館林城は城の東南に大沼をひかえ、沼に突き出した半島状の地形に城を構えた堅城で、一気に攻撃したが、なかなか陥《お》ちない。

『関八州古戦録《かんはっしゅう》』という本によると、このとき沼の一方に道をつけ、攻撃しようと材木を投げ込み、橋を造ったが、夜になったので一時攻撃を中止し、夜明けを待つと、昨日沼の中に架《か》けた橋が一夜のうちに沼中に沈んでしまって、人が渡れるどころではなかった。将兵が不思議に思っていたところ、そのとき降伏して案内役になっていた北条氏勝《うじかつ》が、

「この城はかつて城主が命を助けた古狐の導きで城を築いたので、おそらくその城の守護神である狐のしわざであろう」

といった。

この話はもちろん伝説だが、館林城の周囲が沼地のため、せっかく架けた材木の橋が、沼の中に沈んでしまったのである。泥沼に囲まれた城は攻めるに難しい。

館林城は北条氏勝の説得で開城となった。

石田三成らは忍城に矛先《ほこさき》を転じた。ところがまた、忍城が名だたる堅城である。城主の成田長氏《なりたながうじ》は小田原の本城に籠城《ろうじょう》し、城代の成田泰重《やすしげ》が忍城を守っていた。

忍城も、沼と深い田にかこまれた平城である。

水と泥で大兵を動かしての攻城はできない。五、六日も攻めてみたが寄せ手に不利で、いたずらに死傷者がでる。ここで三成は、秀吉の城攻めの実績に倣《なら》って水攻めを思いついた。忍城の四方に堤を築くために付近の二十五の村から人夫を集めた。もちろん他国のことだから、報酬なしでは人は動かない。昼は米一升と銭六十文、夜は米一升と銭百文という高値だった。このよい条件に人々は続々と集まったが、なかでもひどいのは、城中の人夫がこっそり抜け出してこの工事に加わり、米と銭を稼《かせ》いだことだ。

昼夜兼行《けんこう》の大工事が完成した六月の半ばすぎ、大豪雨がやってきた。みるみるうちに堤の中の水量は増していった。石田三成は諸将とともに土堤に造った井楼の上でこの様子をながめ、大いに喜んでいたが、その夜半ごろ、土堤が崩れて水が攻城側の陣屋に向かって流れ、陣屋が数十軒流失し、溺死《できし》するもの数百名であった。三成もあやうく水死を逃れた。

水の引いたあとは、泥田になってしまって身動きもできず、味方も敵も戦いどころではなくなってしまった。

この土堤の決壊は、工事を急いだために築堤がずさんだったことと、城兵の決死隊が夜にまぎれて土手を切ったからだった。

その後も忍城の攻撃はいっこうに進展せず、本城の小田原が七月六日開城したにもかかわらず、七月十六日に小田原にいた忍城主成田長氏の開城命令がとどくまで、落城しなかった。

石田三成は、この城攻めで大いに面目を逸《いっ》した。

秀吉の数々の水攻めの成功の例を見ているだけに、自分も、という自負《じふ》と計算があったのだが、政治その他の面では傑出《けっしゅつ》した三成も、武将としては経験不足だったのであろう。おそらくこの水攻め、秀吉がやっていたらみごとに成功したはずである。城攻めの秘法も、結局はこれを使う人によるのだ。

●徳川秀忠軍をクギづけにした真田《さなだ》の上田《うえだ》城

日本の城攻めの戦史上、大きな謎の一つは、徳川秀忠《ひでただ》の上田《うえだ》城攻めである。

慶長五年（一六〇〇）の関ヶ原の戦いのとき、家康は東北、関東、信越の地方に対しても各大名の動向を考えて種々の手を打った。そのなかで、息子の徳川秀忠には三万八千の兵を指揮させて、中仙道《なかせんどう》方面を前進するように命じた。

これに従う諸将は榊原康政《さかきばらやすまさ》、大久保忠隣《ただちか》、本多正信《まさのぶ》、本多忠政《ただまさ》、酒井忠重《ただしげ》、

真田《さなだ》一族の居城・上田城の櫓《やぐら》

・

酒井家次《いえつぐ》、奥平家昌《おくだいらいえまさ》、菅沼忠政《すがぬまただまさ》、牧野康成《まきのやすなり》、戸田一西《とだかずあき》などの徳川譜代《ふだい》の大名旗本と、そのほか森忠政《ただまさ》、小笠原忠政《おがさわらただまさ》、仙石秀久《せんごくひでひさ》、石川康長《やすなが》、日根野吉明《ひねのよしあき》、諏訪頼水《すわよりみず》など、信濃《しなの》方面の大名である。

この大軍は宇都宮《うつのみや》に集まって小諸《こもろ》に進んだ。

秀忠は、態度のはっきりしない上田城主真田昌幸《まさゆき》に、開城して徳川方に味方するようにと、使いを出した。

ところが昌幸は、

「城内の重臣一同と協議して返事をいたしますので、それが決まるまでしばらく時間をいただきたい」

といって使いを返し、密《ひそ》かに城を固め、砦《とりで》などを築いた。こんな問答が二、三回繰り返されたあとで、昌幸は、

「残念ながら豊臣家との関係で、徳川に従うことはできない」

との回答を秀忠にすると、城外の民家を焼き払って戦いの構えを示した。

徳川軍は上田城攻略の軍を進め、包囲作戦に出たのだが、上田は小城なのに出城《でじろ》の配置が巧みで、なかなか思うようには攻められない。徳川にも歴戦の勇士もいることとだし、ほうぼうで戦闘が行なわれた。

徳川方のなかには、真田昌幸の長男信幸《のぶゆき》（信之）が加わっている。父子両軍に分かれたのだが、後世史家は、信之は徳川の恩義に感じ徳川に属し、昌幸と信之の弟幸村は、豊臣の恩顧に感じ石田方に加わった。どちらも武士の鑑《かがみ》である、などといっているが、真実はもっと現実的だ。どちらが勝っても負けても真田家が残るように、との配慮にほかならない。

この徳川方の信之と、敵になった父昌幸が戦ったときなどは、なれあい的なところがある。やはりぐあいが悪いので、信之はあまり攻撃軍の表面には出ていない。

上田城は小城のうえに城兵二千ばかりで、秀忠三万八千の軍を引きつけて戦い、落城の気配もない。このとき昌幸が取った戦術は、城を中心として小さい砦《とりで》を多数広範囲に配置して、大軍の集中攻撃をそらす用兵だ。

ともかく、徳川の千軍万馬の武者もいいかげんにあしらわれているうちに、家康から早く西下《さいか》しろという手紙がきたので、上田城に対しては信濃の諸将を配置対峙《たいじ》させ、上田城兵の追撃を避けながら西下した。

しかし、秀忠が関ヶ原の合戦にまにあわず、家康から大目玉を食ったのはよく知られている。

この上田城の戦いは、大軍をもって小城が落とせなかった奇妙な例なのだが、昌幸の作戦の巧みさもさりながら、これは秀忠の軍にほんとうにすぐれた軍師がいなかったということである。

イタリア中世の奇才マキャベリは、こんなことをいっている。

「もしも城塞《じょうさい》の守りが固く、これを容易に抜くことができない場合、精鋭な軍隊は城から強烈な抵抗に遭遇した場合、無理にこれを落とそうとせず、これに対抗する兵を残して、おかまいなしに目的地に向かって進撃して行くものである」

秀忠が真に戦術に秀れた武将であったなら、マキャベリの考えと同じ行動をしたであろう。

2

なぜ名城には人柱《ひとばしら》伝説があるのか

——伏見《ふしみ》櫓《やぐら》に十六体の白骨、江戸城人柱の謎

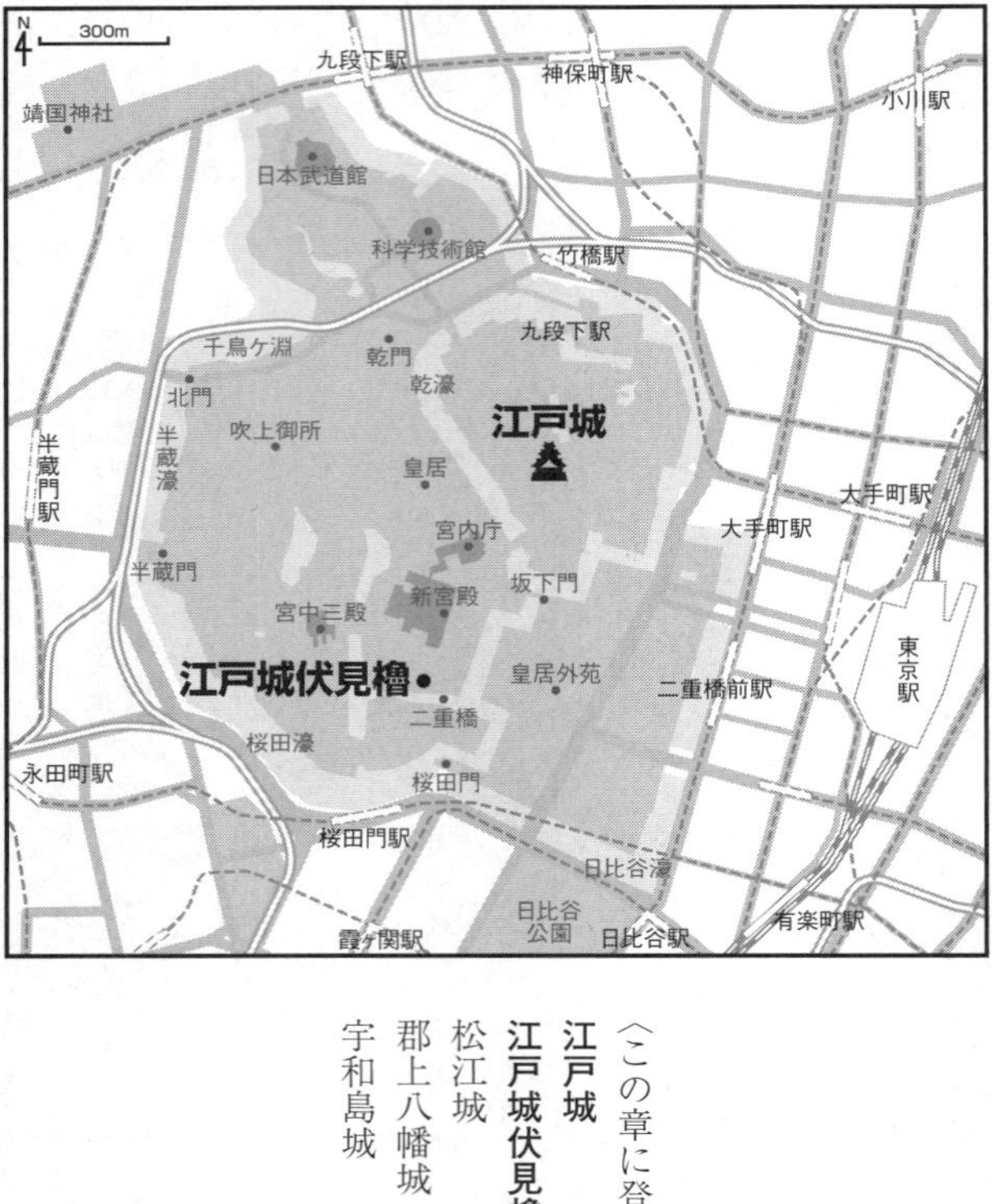

〈この章に登場する主な史跡〉

江戸城

江戸城伏見櫓

松江城

郡上八幡城

宇和島城

●江戸《えど》城伏見櫓《ふしみやぐら》から現われた十六体の白骨

江戸城に人柱《ひとばしら》の遺骨現わる――こんなセンセーショナルなニュースが、大正十四年（一九二五）六月十一日の新聞をにぎわした。

事の次第《しだい》はこうだ。大正十二年の関東大震災で伏見櫓《ふしみやぐら》の土手が崩れた。このときは東京中がひどい被害をこうむっているので、罹災《りさい》者の救助が先で、すぐには土手の修理にはかかれない。

大正十四年になって改修の工事にかかったら、十六人の人骨と土器、永楽通宝《えいらくつうほう》が出てきた。場所が江戸城二重橋《にじゅうばし》ぎわの重要な櫓《やぐら》の下だけに、さては築城のときの人柱の遺骨かと、騒ぎが広まったのである。

一緒に出てきた永楽通宝は、これは中国の通貨で、足利《あしかが》時代に多く日本に輸入されたが、これによって人骨が埋められた時代を推定することはできない。なぜ相当量の永楽通宝が出てきたかも謎だ。土器は時代を推定できる代物《しろもの》ではなかった。

そして、この事件は当時の歴史好きの人たちの間ではたいそう話題になって、白骨は人柱だとか、いや、そうではないとか、さまざまな臆測がなされた。

宮内庁《くない》の委嘱《いしょく》を受けて調査した東大教授黒板勝美《くろいたかつみ》博士は新聞発表で、

「人骨は十六体で横臥《おうが》しており、状態も乱脈である。数が多すぎるし、埋葬方法があまりに粗末であり、人柱とは考えられない」と発表した。

しかし、果たしてこの十六体の白骨、江戸城の人柱ではなかったのであろうか……。

人身御供《ひとみごくう》、生贄《いけにえ》の風習は、生きものの血が神や自然の怒りを鎮《しず》めるという、祭祀《さいし》的な思想である。古い歴史をもつ民族の間で、特に古代には現実に行なわれてきた。さほど古い時代ではなくとも、生贄の風習はあった。

たとえば一五一九年十一月十一日、アステカの首都ティノチティトラン（今のメキシコ市）に入城、アステカの王モクテスーマ二世から生贄の神殿を見せられたスペインの征服者エルナン・コルテスと、その部下のベルナール・ディアスは、

「この神殿の中で、今殺されたばかりの人間の心臓がアステカの神に捧げられ、胸を切り割《さ》かれた生贄の血が神殿の壁に飛び散っていた」

と回想録の中に記録している。

人骨が現われた江戸城伏見《ふしみ》櫓《やぐら》

日本での人柱は仁徳天皇《にんとく》が茨田堤《まんだのつつみ》を築いたとき、夢のお告げによって人柱を立てたというのが、わが国の人柱伝説のはしりとされている。

大正になって突然現われた白骨たちは、江戸城の謎とばかり東京市民を大いに騒がせたものだ。

この江戸城人柱の謎を追う前に、人柱について有名な城の話と伝説も探ってみよう。

●なぜ築城には人柱の伝説が生まれるのか

松江《まつえ》城は関ヶ原合戦で家康に認められた堀尾吉晴《ほりおよしはる》が、二十三万五千石の太守《たいしゅ》として松江に封じられ、慶長《けいちょう》十二年（一六〇七）から三年がかりで造り上げた山陰きっての大城郭《だいじょうかく》である。城地の亀田山《かめだやま》が、宍道湖《しんじこ》畔の小山なので、地盤が悪く、築城は最初から難工事の連続だった。それでも幾多の困難を克服して、ようやく大詰めの天守の構築にかかったが、何度築いても天守台の東北隅の石垣が崩れてしまう。

城主の吉晴は家臣の進言もあって、とうとう天守台の根元に人柱を埋めること

昔の姿をそのまま残す数少ない城のひとつ松江城

を決めた。生贄は若く美しい娘がいいとされ、人選に苦労したが、折から城中で開かれた領民の盆踊りで一際《ひときわ》目立つ美女を見つけ出し、これを生き埋めにして天守を完成させた。

五層の天守は山上に燦然《さんぜん》と聳《そび》え立ったが、翌年の夏、再び城中で盆踊りが開かれると、天守が無気味な音をたててゆらぎはじめ、女の呻《うめ》くような泣き声が地底から聞こえてきた。城内に居合わせた者みな総毛立ち、生贄となった娘の怨霊《おんりよう》の祟《たた》りと恐れた。吉晴は以後、城中での盆踊りは禁止したという。

なお、松江城の人柱伝説にはもう一説あって、吉晴は領民を人柱にするのを嫌い、犠牲者は流浪《るろう》の虚無僧《こむそう》であったともいう。

このような怨霊の伝説が生まれるのも、城主堀尾家の悲運な滅亡にも関係ある。松江城の着工直前に吉晴の嫡子《ちやくし》、忠氏《ただうじ》が急死したのをはじめ、吉晴自身も城の完成後まもなく病死し、あとを継いだ孫の忠晴《ただはる》も寛永十年（一六三三）に死亡、嗣子《しし》がないので堀尾家は断絶した。次に松江に入った城主京極忠高《きようごくただたか》も、わずか四年で病死してしまった。

まるで死神にとりつかれたような松江城城主の系譜と、難航をきわめた築城工事がからまってこのような伝説が生まれたのである。しかし、松江城築城につい

人柱伝説のある郡上《ぐじょう》八幡《はちまん》城

ては、城主の奥方や家中の女房、娘などが雑兵《ぞうひょう》や人夫に茶菓の接待をして人夫たちの気勢をあげ、難工事を進ませた、というまったく反対の話も残っている。

人柱伝説の伝わる城には和歌山城、岐阜の郡上八幡《ぐじょうはちまん》城、甲府《こうふ》城、大分《おおいた》城、飛驒《ひだ》の松倉城、大垣城、伊予大洲《いよおおず》城などその他数多い。話の内容はどれも大同小異である。

一方、いわゆる名将とうたわれる武将に人柱伝説があまり生まれていないのは、伝説の発祥《はっしょう》が城主の人格とかかわるところがある。中国の覇者、毛利元就《もうりもとなり》は、

「城の堅固は人の和に如《し》くものはなし」

として、その本拠、吉田《よしだ》郡山《こおりやま》城に、人柱のかわりに「百万一心」の四文字を石に彫って埋めた。

しかし、人柱はほんとうに行なわれたのであろうか。

人柱伝説は現代人の好奇な興味をひく話題なのである。城内から人骨が出てまず考えられることが「人柱」か、というところに、築城と人柱との大きなかかわりがある。

築城は古代から近世まで、いつの時代でも権力者の意図で行なわれた。たとえ

それが国をあげての国防的な築城工事であったにせよ、技術的なことをはじめいろいろな困難を伴った。

昔から日本には城づくりで工事が難航するのは、その城づくりが神仏や自然の心にそわないためという考えがあって、神と自然の心を和《やわ》らげるため、祭祀《さいし》的な生贄をささげるという考えが人柱という形で現われた。

伝説によると、人柱は、工事を完成させるために、人柱を埋めよと、殿様に夢のお告げがあったとか、城主が家臣にそそのかされ人柱を探すとか、いろいろだが、犠牲者は老女とか旅の僧とか領内の美しい娘とかで、美しい娘であれば話も悲しく、またロマンチックにならざるを得ない。

●それはほんとうに人柱だったのか

城の伝説のなかでもっとも人気があり、怪奇趣味のあるのが抜け穴や人柱なのだが、そのほかにも日本の城の伝説には、暴君が妊婦の腹を割《さ》いてその胎児の男女の別を調べたとか、奥方や側室に姦通の疑いをかけて惨殺したとか、まったく根も葉もないものが興味本位に創作されているものもある。だが、なかには歴史的事実に関係ある秘話もあって、一概にその内容は否定できない。
しかし、それを話の筋道で分けてみると、

1　城の機能、間道《かんどう》、抜け穴など城のからくりに関するもの
2　城地の選定とか人柱とか石運びなど、築城に関するもの
3　暴君の非道な行為や藩の暴政に関するもの
4　無実の罪によって殺された人の怨恨《えんこん》に関するもの
5　妖怪変化《ようかいへんげ》にちなむもの
6　動物の報恩や復讐の話
7　お家騒動に関するもの
8　城攻め、籠城など、戦いに関するもの
9　女性の姦通や男色《なんしょく》にからむもの

などがあり、城の伝説は、このうちのどれかの類型に入る。
事実にしろ荒唐無稽《こうとうむけい》な物語にしろ、城にまつわる伝説がこんなに多く生まれ、
しかも人気があるのは、なぜなのだろうか？

それは、城造りの工事や、城の存在そのものが、将兵ばかりでなく、あらゆる階層の領民の生活に深くかかわりをもっていたからだ。

機械力の弱い昔の城造りには、膨大な人的労力が結集され、領民すべてがその渦中に巻き込まれた。

なかには、生活を犠牲にしてまで城造りに参加しなければならない貧民もあった。城造りは築城者にとって大事業だが、これは、大方の領民にとっては好ましくない事業なのである。

城造りが多少とも陽気なお祭り騒ぎであったか、あるいは悲惨な強制労働の場であったかは、その領主の人柄によるところである。

いずれにしても、城造りが領民の生活や悲喜哀歓の情に深くつながっているところから、人柱をはじめ城に関する多くの伝説が生まれた。

それは領民の感覚からつくり出された生活の歌であり、風刺の声だったのだ。

ところが、城がひとたびでき上がると、領民の感覚に変化があった。

「あれは俺たちの血と汗をしぼった結晶だ」

と、恨《うら》みの目で眺めるものもあれば、

「おらが国の城は、こんなに立派なんだ」

と誇るものもでてきた。

しかし今となってみると、城は日本人の知恵と技術を集めたシンボルだからこそ、城についていろいろの虚実が伝えられるのであろう。

さて、話を江戸城の白骨出現の事実に戻そう。

この人柱説には、残念ながら結論は出せない。

もし、この十六体の白骨が人柱でない場合には、四つの仮説が立てられているので、それを書いておこう。

まず、伏見櫓あたりに何か秘密の工事が行なわれて、それに従った大工と人夫が工事完成のとき殺されて、そこに埋められた。永楽銭や土器は大工や人夫のもらったもので、そのため、せめて一緒に埋められた……。

その二は、単純に築城工事中に事故があったため死んだ者を葬った……。

その三は、死人は江戸築城当時のものでなく、太田《おおた》道灌《どうかん》の築城のころ、このあたりに寺があり、その墓地の人骨だ……。

その四は、江戸氏の時代、このあたりが戦場になったとき、その戦死者を埋めた……。

である。

太平洋戦争前の江戸城は、皇居として神聖化され、この無気味な白骨事件も各方面のもみ消し工作で、徹底した調査が行なわれることもなく、白骨もいずこかへ運び去られ、その行き先も不明である。

白骨たちにすでにものいうすべがない以上、この事件も謎に終わってしまうのだろうか。

歴史の真実はいつも一つという鉄則に反して、明快な答えが出てこないのは、ひとつには城という巨大な偶像としての構築物自体が、数多くの謎をはらんでいるからだ。

江戸城にはさらに発生や発展にいろいろな謎があるのだ。

●小田原ではなく、なぜ江戸を居城としたのか

今から八百年あまりも前、桓武平氏《かんむへいし》の流れをくむ秩父《ちちぶ》氏の一族のものが、秩父を出て江戸に住みついた。居館を構え江戸氏を名乗ったのがそのはじめである。

この一族が南に下って江戸に住んだのは、秩父での一族の不和とも、新しい勢力圏の拡大ともいう。

そのころの江戸は入江に面した丘陵で、海辺に魚介の類《たぐい》を採って生計を立てる貧しい漁師の家がわずかに散在する寒村であった。江戸氏の館《やかた》も海に面した丘陵の上に屋形を構え、周りに濠を掘り、その土を盛って土塁として、上に木柵を立て、城戸《きど》を設けたほどの型どおりの豪族の居館であった。

江戸氏二代の太郎重長《たろうしげなが》のとき、関東に起こった戦乱に巻き込まれ一族が戦った。

治承《じしよう》四年（一一八〇）の源《みなもとの》頼朝《よりとも》の石橋《いしばし》山の挙兵のころである。平氏に属した江戸氏は、のち勢力が衰え、江戸の館を攻められて江戸のやや西、木田見《きたみ》の館に退く。

康正《こうしよう》二年（一四五六）、扇谷《おうぎがやつ》上杉《うえすぎ》氏に属する若い武将、太田資長《おおたすけなが》（のちの道灌）が江戸氏の居館趾《し》に目をつけて城を築いた。これがのちの徳川氏江戸城の基になる。

当時の江戸の地形を見ると、今の日比谷《ひびや》のすぐ近くまで入江が入り、丘陵は海に迫る断崖で、北、東の方向も沼地や小川、低地があって、城地としては最適だった。この地形に城地を選んだ太田資長は、さすがに武将としていい目をもっていた。

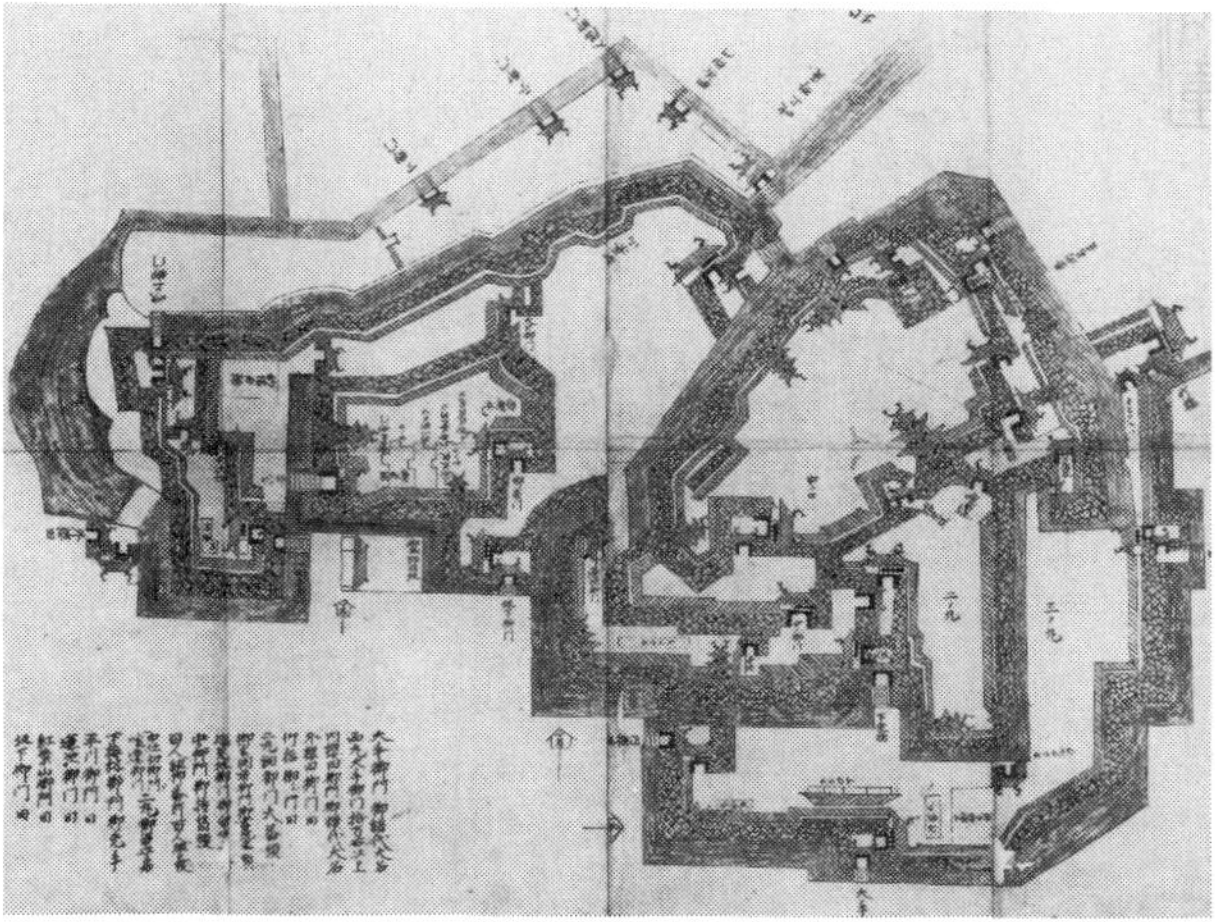

徳川300年の泰平の時代を築いた江戸城の大城郭《じょうかく》（内閣文庫蔵）

『関八州古戦録《かんはつしゆう》』という文献では、江戸築城についてこんな話がある。

太田資長が城地を探して、いい城地を選ばせ給《たま》え、と毎日弓矢八幡に祈願したところ、夢で〝千代田、宝田《たからだ》、祝《いわい》の里（斎田《いわいだ》）の名の土地を選べ〟というお告げをいただき、江戸の地が決まったという。また、江の島の社《やしろ》に参拝した帰り、船が突風で流され、風がやんだところで、船中にコノシロという魚が飛び込んだところが千代田というあたりだったので、ここに城を決めた、などの話がある。いずれにしても、この話は伝説だが、後世の付けたしとしても、現実に道灌の城地選びは的確であった。

しかし道灌は、文武の達人で、あまり才能があったために讒言《ざんげん》するものがあり、主君の上杉定正《さだまさ》からうとまれ、文明十八年（一四七六）七月、相模糟屋《さがみかすや》の館に呼び寄せられ、風呂場で謀殺された。

こののち城は、上杉氏、北条氏と城主がかわる。

天正《てんしよう》十八年（一五九〇）、小田原征伐ののち、徳川家康は関東に封ぜられ江戸城に入った。

人々は当然、鎌倉か小田原、もしくは古河《こが》（茨城県）あたりに居城を選ぶだろう、と噂したが、家康は迷わずに江戸に居城を決めた。

これにもいろいろなエピソードがあるのだが、このときばかりは家康は、部下の諸将の意見に一切耳をかさず、自ら江戸と決めたという。しかし、ここに太田資長が城を造らず、相変わらず海辺の一寒村だったとしたら、家康は果たして江戸を居城に選んだであろうか……。

●政治家としての優秀さを示す家康の江戸城

武将として家康の経歴を見るとき、城造りや戦闘に関しては、信長や秀吉ほどの独創性は家康にはない。家康は彼の忍耐強い性格以外に戦闘と築城、政治についても信長、秀吉に学んでいるところが多い。もちろん、それは単なる模倣ではなく、家康流に大いに修整はしているが。

小田原は、北条氏が滅んだばかりであり、縁起《えんぎ》をかついで敬遠したのかもしれない。しかし、それにしても源氏以来の武家の伝統を誇る鎌倉か、関東の要衝《ようしょう》である古河のあたりを選んだはずである。

江戸に徳川家康が居城を決めたのは、一種の謎である。

『落穂集《おちぼしゅう》』という本の話によると、例の秀吉と家康の石垣山《いしがきやま》の連小便《つれしょんべん》（7章参

照）のとき、家康を関東八州の領主にする話が決まったが、そのとき秀吉が、

「そこもとは、小田原を居城に使うつもりか」

と家康にたずねると、

「将来はともかく、しばらくは小田原に居城するつもりです」

と家康が答えたという。しかし秀吉は、

「それは良案ではない。ここから二十里ほども先の太田道灌という者の開いた江戸の地はよい所だから、そこを居城にすればよい」

と勧《すす》めたという。

この内容の真偽は別として、太田道灌の江戸築城がなければ、秀吉も家康に江戸を居城にすることを勧めはしまい。そうすれば、おそらく今日の東京の出現もなかったにちがいない。

天正十八年八月、家康は江戸に入城したが、江戸城は見るかげもなく荒れ果てて、北条氏の城番がいたが、屋敷なども雨漏《も》りがするほどひどいものであったという。

入城以来、昼夜兼行の築城工事が開始され、二年後には、一応関東の大守の居城らしくなった。しかし、江戸城のすべての工事が完成するのは、さらに三十年

後なのである。

江戸城のような大城郭が日本に発生したのは、日本人のもっている土木構築の技術が優秀だった証明でもあるのだが、政治的には、「将軍―大名―領民」という日本独特の封建制度の強固さも、その一つの原因であった。

江戸城が出現した経緯《けいい》は以上のようなものだが、江戸に限らず、その城造りには基本的な秘法がある。それを解説しておこう。

●築城術は「地取り《じどり》」（城地の選定）にはじまる

江戸城は、今では西の丸あたりをのぞき、城内が公園として公開されて、だれでも入城できることになった。入口は二つあって、大手門《おおてもん》のところと北の丸口である。その内部は、城についての知識を少しもって見れば、興味は尽きることがない。江戸時代の日本人の城造りの知恵に舌を巻くばかりである。とくに千代田区一ツ橋のパレスサイドビルの屋上に昇って見るとよい。その入り組んだ石塁と堀との設計は、巧妙に計算された庭園を見るようで、日本人の造形感覚と城地の造成の美しさを実際に見ることができる。

江戸城の構築は、じつに三十年の歳月を費《つい》やしている。慶長九年（一六〇四）、家康のときからはじまった城造りは、えんえんとつづき寛永《かんえい》十四年（一六三七）三代将軍家光《いえみつ》のときになって本丸が完成した。もちろん、こののちも城の部分的な補修、増築は続行されている。

江戸城の場合には、日本はおろか、世界最大級の規模を誇る城だから、三十数年の工事期間はむしろ短いほどだが、江戸城に限らず、城造りには秘法といわれる四つの要素がある。

第一に、「地取り」といわれる城地の選定
第二に、「経始《けいし》」、または「縄張り《なわば》」といわれる構築計画と設計
第三に、「普請《ふしん》」といわれる土木工事
第四に、「作事《さくじ》」といわれる建築工事

どのような目的で、どのような規模の城を造るか、によって場所の選び方が違ってくる。

戦闘を主体とする城であれば、守るに適して、攻めるに難しい天然の要害の土

地が選ばれる。長く居城するか、臨時の砦《とりで》かでは、また土地の選び方が違ってくる。

居城や戦略的な拠点として長期に使う城では、さらに選定にいろいろな条件が加わってくるし、そのうえ政庁や一国の統治をかねた政治的な城では、文化、経済の中心にもなり得る土地が選ばれた。

戦国の諸将の城を、以上の尺度にあてはめて観察するとおもしろい。城地選びの秘法や要領は、ただ日本だけでなくて世界的にもいえることだ。アクロポリス型城郭、という城の一つの集大成された考えを完成したギリシア人は、アクロポリスの立地、選地条件に広い山麓《さんろく》をもった連山の一峰か、平野の中に孤立した丘陵をあげている。

中世のヨーロッパの城主たちは、山上の要害の地を城地に選んだが、同時に、住居としても使用したので、この自然の地形の制約のある場所を、いかに有効に使用しようかと努力している。

日本でも中世のころは、武士や豪族の居城は山上のような要害の地が選ばれたが、水利その他の条件で、平時には生活が不便なところから、山麓に根小屋《ねごや》という住まいを構えて生活し、戦時に山上に籠《こも》った。

その意味では、平山城《ひらやまじろ》は平時、戦時ともに便利だが、ある程度の人工の防備設備を構える必要がある。平野の中にある平城では、防備の主体はすべて人工の構築物によるほかはない。

水城《みずじろ》は湖、川、海などの岸や島にあって防御の主体を水によるものだが、いろいろな条件が加わって、さらに城地の選定は難しい。

城地の珍しい例には、南米のペルー山中に残るインカの城で、マチュピチュという山上の城塞《じょうさい》都市がある。海抜二五〇〇メートルの高地の峻険な一峰に石造の城郭都市があって、いつの時代、どのような目的で造られたかは知られていないが、かつては一万の人が生活したといい、世界中でも特殊な土地にある謎の城だ。

●ヤクザの使う「縄張り」とは築城用語が語源

「経始」または「縄張り」というのは、地取りによって決められた城地にどのような城を造るかという計画、設計である。ここでも築城者の秘術がもっともよく発揮された。

理想的な城下町を造った宇和島《うわじま》城のある城山《しろやま》

古代の城では比較的単純だった経始も、近世の城では複雑になり、地形、広さから郭《くるわ》、堀、塁《るい》、城門、天守、櫓《やぐら》、橋、殿舎、井戸、通路などの位置と規模が検討された。

この「経始」は、城が名城となるか否かの大切な要素なので、城主みずから案を練るか、築城家として著名な武将や兵法家に依頼した。

いまではヤクザがしばしば使う「縄張り」という言葉は、もともと城地に縄を張ってその形を定めたことから出た言葉なのである。実際には、城地の全部に同時に縄を張るということは、大きな城になると不可能で、指図書《さしず》を作ったが、部分的には堀、石垣、土塁、建物の位置などに縄を張ったこともあった。

縄張りが重要であるという一つの例として、宇和島城《うわじま》（愛媛県）があげられる。

ＪＲ予讃線《よさん》の終着駅、宇和島はかつて伊達《だて》氏十万石の城下町である。

遠い昔、海中の島であった板島《いたじま》と呼ばれる城山は、戦国のころには西南の山麓に海、東北面は陸続きとなって、この城山を三方から四国山脈の山が囲み、理想的な城下町のたたずまいである。城は山頂の天守を中心として東北山麓に築かれた。

幅が 120 メートルもある江戸城桜田《さくらだ》堀

城の縄張りは藤堂高虎《とうどうたかとら》で、東西南北方形《ほうぎょう》に造られたと思われる城の周辺は、その実、不等辺の角である。一方は死角とし、守城を有利に導き、万一落城に当たってはその方向から逃れるという構想であった。

江戸時代、幕府から潜入した隠密《おんみつ》も誤って城の縄張りを四角に模写した。

寛永三年（一六二六）、徳川幕府の命で四国、九州を探索した甲賀《こうが》者の報告書「讃岐《さぬき》伊予土佐阿波《あわ》探索書」にも次のようなことが出ている。

「山上本丸へは不被参《まいられず》下より見申 候《もうしそうろう》に、天守四層に候」

この隠密も、さすがに城山には潜入できなかったのであろうが、ここでおもしろいのは、城下から見た天守を四重としていることだ。

宇和島城天守は寛文《かんぶん》七年（一六六七）ころ、藤堂高虎の天守を壊《こわ》し、新しく三層の天守を造っている。それまでのほとんどの史書も、藤堂高虎の天守は三層であった、と記録しているので、隠密が四層というのはおかしい。

当時、城山は山頂に木が茂っていたから見誤ったのであろうか。もし高虎の天守がほんとうに四層であったら、これは史実を書き変えなければならない。

●城の特徴が表われる「普請」

「普請」は、築城の土木工事のことである。堀、土塁、石塁、道路、井戸などを「経始」の指図《さしず》に従って構築する。

これらの土木構築物は、城造りでは「作事」の建造物よりも重く見られ、さまざまな工夫、秘法が使われた。

この作業には普請奉行がおかれ、土工、石工《いしく》の熟練者が動員され、大きな労働力を投入した。石垣や土塁は大坂築城の謎で説明するが、ここでは普請のなかでも大工事である堀にふれておこう。

丸橋忠弥《まるばしちゅうや》が江戸城のお堀端に現われて、きせるをかざして堀の幅を計るというのは、歌舞伎『樟紀流花見幕張《くすのきりゅうはなみのまくばり》』の名場面の一つだが、日本の城の堀については数々のエピソードがある。釣人の魚を取る、〝おいてけ堀〟の話とか、堀端の柳のそばから出るお化けとか、怪談じみたものも多い。

日本の城の美しさのなかの一つに、水をたたえて静かな堀がある、といった外国人がいた。

日本に残っている城の水堀《みずぼり》は、そのほとんどが近世大名の居城の堀で、中世の城や山城では地形の関係で水が得られないから、水堀は少なく空堀《からぼり》が多い。

今でも日本の城のなかで大きな濠をもつものは、弘前《ひろさき》、会津若松《あいづわかまつ》、山形、江戸、松本、小田原、名古屋、彦根《ひこね》、伊賀上野《いがうえの》、大坂、広島、萩《はぎ》、松山、熊本、島原などだが、そのなかでも弘前、彦根などは、堀端に昔ながらの面影《おもかげ》が残っている。城下町としてはひとしお情緒がある。

堀には空堀と水堀の二種があるが、堀は濠、壕、湟、埋とも書かれ、サンズイのついた字は水堀を意味している。いずれも深さ、幅ともに大きいほど防御力は強い。しかし、いくら広いといっても、城内から敵を射つ着弾距離が考えられたため、おのずから限界はある。

空堀の深さは、三メートルから一〇メートルぐらいのものが多く、ブルドーザーなどない昔では、鍬《くわ》、鶴嘴《つるはし》、モッコといった簡単な道具しか使えなかったので、工事には大量の労働力が必要だった。しかし、仙台青葉城、信州小諸《こもろ》城の堀の一部は、人工ではなく天然の谷で、深さ数十メートルもあり、城造りに当たって、このように天然の地形をできるだけ利用した。

人工の水堀、すなわち濠も、だいたい空堀と同程度の深さが必要だ。土塁、石

三宅坂《みやけざか》方面から見た江戸城のすばらしい土塁《どるい》

垣とか天然の地形を側面に利用したものは、もっと深いものもある。

幅は最低三メートルは必要で、大きなものでは江戸城桜田《さくらだ》堀が一二〇メートル、馬場先《ばばさき》堀が六〇メートル、大坂城大手門付近が一二〇メートルもある。

そのほか、湿地を利用した泥堀というのもあって、底一面が泥のために、足が泥に取られて敵の行動は敏捷《びんしょう》性を奪われる。

ふつうは、水堀がいちばん防御力が強いと考えられたが、地形しだいで一概に決めることはできない。空堀の場合は、鋭く尖《とが》らせた竹を植えたりして敵の行動を封じた。

堀の構築は、本丸に対して横線を引くように掘られるのが定石《じょうせき》であったが、ときには竪堀《たてぼり》といって、直角に掘って敵の兵力を二分する方法も考えられた。堀の掘り方もいろいろで、箱堀《はこぼり》、薬研《やげん》堀、諸薬研《もろやげん》、片薬研《かたやげん》、毛抜《けぬき》堀などと呼ばれるものがある。箱堀は文字どおり断面が四角のもの、薬研堀は断面が三角でV字型のもの、諸薬研は両岸が傾斜のもの、片薬研は底の丸いものである。なお、薬研とは漢方で、薬物を粉末にする器具のことである。

●人知の限りを尽くして造られた江戸城

「作事」では天守、櫓、御殿、城門、橋、堀などの建造物をつくる。この指揮に当たるのが作事奉行で、これは大工の棟梁《とうりょう》が命じられた例もある。

「作事」にたずさわる職人は主として大工《だいく》であった。

日本独特の建築美をもった天守の構築には、近畿地方の宮大工の熟練者が当ったといわれている。

そのほか、建造物の大部分に土壁が用いられたので、左官職の技術者も登場し、さらに瓦師《かわらし》、金物師、彫刻師、絵師なども参加した。

城の建物は、城の防御のうえからは堀や土塁、石垣などからすると、第二義的なものとして普請よりは軽く扱われたが、近世大名の居城になってからは重要視され、城造りの大工の棟梁には有名な人物が現われる。

岡部又右衛門《おかべまたえもん》はもともと尾張熱田《あつた》の宮大工で、足利将軍に番匠頭《ばんしょうがしら》として仕えるほどの大工の名門であるが、織田信長に重用《ちょうよう》されて清洲《きよす》、小牧《こまき》山、岐阜、安土《あづち》などの城の作事を行なっている。

しかし、又右衛門というのは岡部家代々の襲名であって、織田信長に仕えたのは此言《これとき》とその子此俊《これとし》で、二人とも本能寺《ほんのうじ》の変のとき本能寺と二条御所で討死《うちじに》している。

此俊の子宗光《むねみつ》は織田信雄《のぶかつ》に仕え、その弟で岡部家を継いだ此堅《これかた》は、名古屋城の天守を建てた。

中井正清《なかいまさきよ》は大和の工匠《こうしょう》であったが、徳川家康に仕え、江戸、駿府《すんぷ》、大坂などの作事に従った。そののち子孫は代々徳川家に仕え、京都所司代《しょしだい》に属して大工の支配頭となっている。

日本の近世城郭は、わりあいに建築関係の資料のない城も多いが、大工の棟梁であった家には文書、図面類が残っていることがあり、城造りの一端を知ることができる。

名城といわれるのは、この地取り、経始、普請、作事の四つの要素がすぐれた城である。

そして、この四つの秘法を的確に選定し、考慮して城を造った武将こそ、真の名将だったのである。

城造りの謎とは、人間と天然との合作でもあるわけだ。

本章のはじめに書いた〝江戸城の白骨〟事件にしろ、城造りの秘密にしろ、語りつがれるいろいろなエピソードは、城というものが、人知の限りと莫大なエネルギーを要するために生まれた話なのである。

3

ほんとうに信玄《しんげん》は城を造らなかったか

――武田家の埋蔵金、躑躅《つつじ》ケ崎館《さきやかた》の謎

〈この章に登場する主な史跡〉

舞鶴城
躑躅ケ崎館
要害山城
積翠寺
金沢城
春日山城

●ほんとうに武田《たけだ》信玄《しんげん》の城はなかったのか

甲府《こうふ》には城が二つある。

その一つは、ＪＲ甲府駅のすぐ南にある舞鶴城《まいづるじょう》。天正《てんしょう》十三年（一五八五）、徳川家康が築かせ、加藤光泰《みつやす》、浅野長政、平岩親吉《ちかよし》などを城主に置いた。そののちは徳川氏の家門《かもん》の大名が城主となり、享保《きょうほう》九年（一七二四）からは、幕府の直轄《ちょっかつ》になった。甲府勤番《きんばん》などという言葉が生まれた。これは、江戸の旗本などのあまり身持ちのよくない二、三男が甲府勤務にまわされたもので、この勤番は概して嫌がられた。

城跡は今も石垣がよく残って、公園になっている。

しかし、なんといっても甲府で有名なのは武田信玄の居城「躑躅ヶ崎館《つつじがさきやかた》」である。甲府駅から北にゆるやかな坂になった大通りを、約一・三キロメートル上ったところにあり、今では城跡は武田《たけだ》神社になっている。

この城は、甲斐《かい》の国の守護《しゅご》、武田信虎《のぶとら》（信玄の父）が、居館を石和《いさわ》からここに移したときの永正《えいしょう》十六年（一五一九）にはじまるから、それほど古いものではない。それ以来、武田信玄の子勝頼《かつより》が天正九年（一五八一）、新府《しんぷ》に新しく城を築いて移るまで、三代六十三年間の居城だ。

ところで、武田信玄は城を造らなかった、などということがまことしやかに伝わっている。

この話の出所は、もともと『甲陽軍鑑《こうようぐんかん》』である。この本は武田信玄の部将、高《こう》坂昌信《さかまさのぶ》が、武田信玄を中心としてその当時の戦争、政治、生活、逸話などを記録した全三十巻の本だが、江戸時代になって甲州流の軍学者、小幡景憲《おばたかげのり》がさらに編集したものだ。この中に、信玄が城を造らなかったという話が出ている。

また、江戸時代の終わりころ館林藩《たてばやし》（群馬県）の岡谷繁実《おかやしげざね》という人が、戦国時代の有名な武将百九十二人の言行を古い文献から抜粋《ばっすい》して編集した『名将言《めいしょうげん》行録《こうろく》』という本にも、ほぼ似た話が出ている。それには、

晴信《はるのぶ》（信玄）は一生のうちに甲斐の国内に城を築かなかった。その館は構えが狭く、浅い堀を一重にめぐらしただけのものだった。城がこのように小さく手うすではと、老臣が心配したが、晴信は『史実を見よ、国持ちが城に籠《こも》っていて運を開いた例は少ないではないか。主《あるじ》持ちの武士が、援軍が来ることを頼みにして堅固な地に城を築くことは大切である。三つ国を支配する大将が大城いっぱい

信玄《しんげん》の居城だった「躑躅《つつじ》ヶ《が》崎《さき》館《やかた》」(現在の武田《たけだ》神社)

いるほどの軍勢を持っているならば、むしろ敵味方の国境で決戦して勝敗を決めるべきである。軍勢を多く持ち、合戦さえできないような大将ならば、堅固な城に籠城したところで妻子をも捨てて逃げてしまうであろう。大将たるもの兵士を敬《うやま》い、法度《はっと》、軍法を定め、戦《いくさ》をすることを朝夕《ちょうせき》の仕事と心得、作戦を考えることの方が城を造るよりは大切なことである』といい、また、『しかし、八、九日ばかりの道のりにある国ざいの城は、堅固な地を見立てて丈夫に普請することが肝要である。その城を敵が包囲すれば、援軍を出して決戦することもできよう。味方の城の守りが堅くなければ、援軍も出せなければ合戦もできない。だから合戦と城取り（築城）は車の両輪のようなものである』

と信玄がいったとある。

『甲陽軍鑑』や『名将言行録』を読んで、実際に信玄の城を見なかった後世の史家や作家のうちの一部が、ころりとだまされた。人は城、人は石垣、という言葉の真の意味がわからなかったのだ。

それ以来、信玄は城を造らなかった、と書くものが出てきた。

●「人は石垣、人は城」の真の意味は何か

躑躅ヶ崎館は今もそのほとんどが残っているから、その城構えはよくわかる。東西二八三メートル、南北一九二メートル、四周に濠をめぐらし、その幅も盛時には八メートルから一二メートルもあった。濠の内側は三メートルから五メートルくらいの土塁だが、一部石塁もあり、大手、搦手《からめて》とも四カ所の城戸《きど》を城の入口とし、すべて橋で守られていた。

なかでも、中央の信玄の館があったあたりに約十間四方の天守台を造っている。その上に戦の神様の毘沙門堂《びしゃもんどう》を建てただけで、天守閣は建てていない。もし、本格的な天守があったとしたら、松本城《まつもと》大天守くらいの大きさの立派なものになったろう。

もちろん近世の大名の居城に比べれば、その構造、普請《ふしん》は単純な縄張《なわば》りで比較にならないが、戦国初期の城としては立派なものである。よほどの大軍を受けない限り、簡単に落ちる城ではない。

さらに、この躑躅ヶ崎館には〝詰《つめ》の城〟があるのだ。

その名を要害山城《ようがいさん》といい、またの名を石水寺《せきすいじ》山城、石翠《せきすい》山城、積翠寺山城《せきすいじさん》ともいう。名前はどれでもいい。現在の地名は積翠寺だが、要害山城としておこう。詰の城、というのは『武家《ぶけ》名目抄《みようもくしよう》』あるいは『太平記《たいへいき》』などに出てくる言葉だが、要は、敵に攻められて最後の拠点とする城なのだ。ギリシアのアクロポリス型城郭の構想だ。

躑躅ヶ崎館から要害山城まで、北東へ三キロメートルほどの距離である。要害山は甲府の北から南佐久《さく》にわたる山並の一つ、帯那《おびな》山の山麓の一峰で海抜八〇〇メートル、形のいい山である。

今では山頂にわずかに石垣が残るのみである。かつてはここに武田の城の本丸があって頑強な防備が構えられていた。

信玄はむろん、その城を使うことになるとは思いもしなかったが、そこは細心な武将で、要害山をいつでも使用できるための用意はした。

しかし当時の信玄の器量、勢力範囲からして、躑躅ヶ崎館さえも襲うような敵は一人もいなかった。

私は、じつはこの「人は石垣、人は城」という言葉にはいささか食傷気味なのだ。ある外国人がこんなタイトルでエッセイか評論を書いていた。まだ読んでい

「城を造らなかった」といわれる信玄《しんげん》の要害《ようがい》山城跡

ないが、この言葉の真の意味が理解されていれば幸いである。

最近は、流行歌にまでなっているが、この言葉の出所も『甲陽軍鑑』だ。「人は城、人は石垣、人は堀、情《なさけ》は味方、讐《あだ》は敵なり」と信玄がいったという。

確かに名言ではある。

人と城との本質的な関係を的確に表現している。いかなる名城も、人なくしては城の用はなさない。

このあたりになると、信玄という人、もう一介の武将ではなく、政治家、思想家の境地に達している。

しかし、この言葉は信玄の処世術であって、けっして彼の人生観ではない。信玄が一国の大守として部将を掌握し、将兵を率いていく一つのモットーとして、この言葉を巧みに使った。人心を得るためのジェスチュアだったのだ。

しかし前にもいったように、この言葉にも真理はある。

城はすぐれた武将がいなければ、それは生命のない構築物にすぎない。その例が6章で述べる大坂の陣のときの大坂城であり、7章で述べる小田原攻めのときの小田原城である。

●無敵武田軍団を育てた信玄の風林火山《ふうりんかざん》

よく訓練された将兵は、一度戦陣に立てば、城であり、石垣のような、堀のような強さを発揮する。情は味方、讐は敵ということは戦術でなくても、人の世を生きていく常識だ。

たしかに、武田信玄の時代の武田軍団は強かった。信玄の、この部下を信じるというジェスチュアと、その実行と、日ごろの武術の習練が全軍にいきわたっていたのである。

多少余談だが、戦国時代の武将の兵の強さを謳《うた》った番付けが庶民の歌にある。江戸時代につくられたものだが、多少は異論のある人もあるかもしれない。

一に上杉（越後《えちご》）
二に武田（甲斐《かい》）
三に徳川（三河《みかわ》）
四が斎藤（美濃《みの》）

五が北条（相模《さがみ》）
六に今川（駿河《するが》）
七に織田（尾張《おわり》）
八が浅井（近江《おうみ》）
九に朝倉（越前《えちぜん》）
十に公方《くぼう》は数の外

公方というのは、足利将軍のことで番外にされている。

ここにあげられているのは京都を狙うことのできた近畿、中部、関東の武将の一部で、地方にあった伊達《だて》（奥羽）、毛利《もうり》（中国）、長宗我部《ちようそかべ》（四国）、島津《しまづ》（九州）ははずされている。が、地方の兵隊は平均的に強い。

実際にはどうだかわからぬが、そう的はずれの見方でもない。

武田信玄の兵が越後の上杉と並び称せられるほど強かったのは、やはり大将である信玄の器量に負うところが多い。

信玄は、本拠の躑躅ヶ崎館、要害山城を固めるとともに、甲斐一国の要地に信頼できる重臣を置いて城を築き、一国の防備を厳重にほどこした。

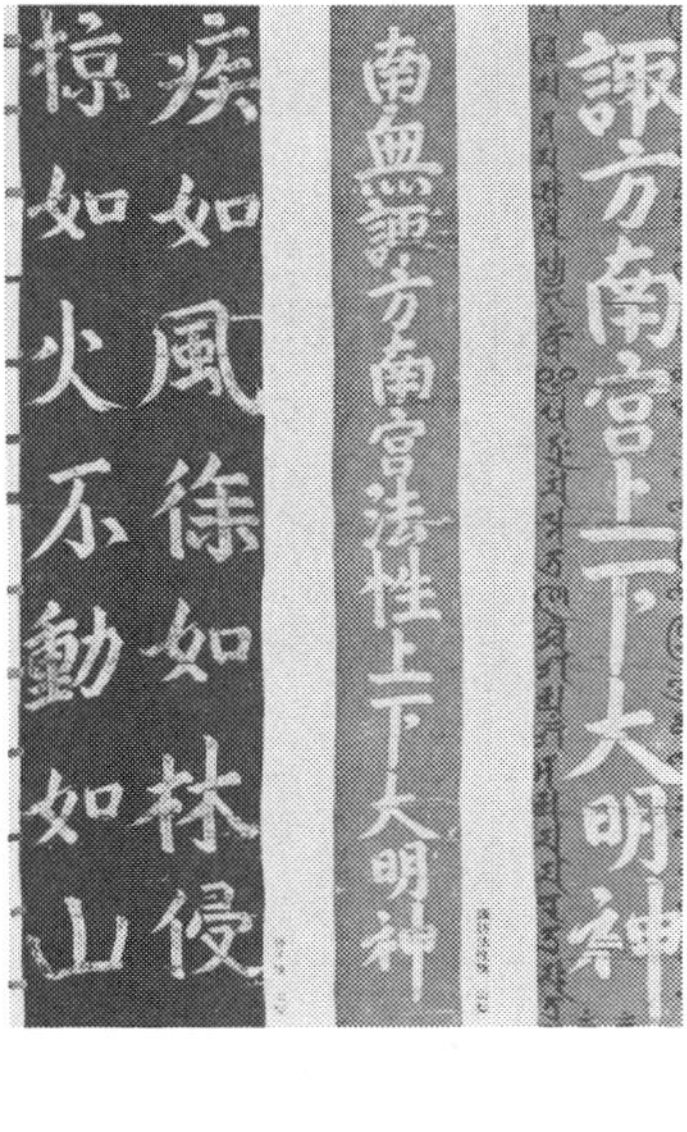

信玄《しんげん》は“風林火山《ふうりんかざん》”の旗印に戦陣訓を表わした（上は信玄像）

もともと信玄は、一国のうちにあって城を守り、国を守るというタイプの武将ではない。本拠は十分に防備したうえで、後顧《こうこ》の憂《うれ》いを断《た》って、他国に積極的に進出するという型の武将である。甲斐は、物産ではさほど恵まれた土地ではなかったので、彼は大いに他国への侵略を実行した。

〝風林火山《ふうりんかざん》〟の旗印は、信玄のこの心境をよく表わしている。

もともと武田氏は、源氏の八幡《はちまん》太郎義家《よしいえ》の弟、新羅《しんら》三郎義光《よしみつ》の末裔《まつえい》である。先日、調べもので甲州市の恵林寺《えりんじ》に武田信玄の墓をたずねたところ、案内してくれた坊さんに、信玄公は新羅三郎義光公の生まれかわりですから云々《うんぬん》、と真面目な顔で説明されてびっくりしたことがあった。何か仏教上の教義からいくと、信玄は新羅三郎の生まれかわりとなるのだそうだ。

信玄は、父信虎が粗暴なふるまいが多く、領内の人心が離れるのをおそれ、信虎を今川義元に預け追放してしまった。それから大いに戦いを起こす。

天文十一年六月に諏訪頼重《すわよりしげ》の上原《うえはら》城
天文十二年に大井貞隆《おおいさだたか》の大井城
天文十四年に高遠頼継《たかとおよりつぐ》の高遠城

天文十五年に大井貞清《さだきよ》の内山《うちやま》城
天文十六年に村上義清《よしきよ》の志賀城
天文十九年に小笠原長時《おがさわらながとき》の林《はやし》城
天文二十二年に村上義清の砥石《といし》城
天文二十二年に村上義清の葛尾《かつらお》城

そのほかにも松代《まつしろ》城（海津《かいづ》城）、小諸《こもろ》城も奪った。それぞれ占領した城は、修築し防備を厳重に施して部下の将兵をおいた。

そののち、あるときは今川氏と結び、あるときは北条氏と、そしてまた徳川氏とも結んで、領国の拡張をはかっている。

信玄は「人は城」「人は石垣」「人は堀」ではなくて、「人と城」「人と石垣」「人と堀」といいたかったのである。

●なぜ天守閣を造らず天守台だけを造ったのか

前述したように、甲府市古府中《こふちゅう》町にある躑躅ヶ崎館は、今では、城跡が武田神社になっている。

躑躅ヶ崎館の入口は、堀の上に木の橋がかかっている。それを渡り石段を昇ると、武田神社の境内《けいだい》で、正面に社《やしろ》がある。右手に神社の鉄筋コンクリートの近代的な宝物館があり、武田家関係の資料が陳列されている。

神社の左側はかこいになっていて木も茂り、あまりよくは見えないが、ここが天守台である。石垣の隅が少々崩れかかって危険だから、一般の人は立入禁止である。立入禁止の理由はほかにもある。

信玄の父の信虎がここに新城を築いたとき、ここに櫓《やぐら》を造るつもりだったが、やめた。信玄も天守は造らなかったが、ここに毘沙門堂を築いたことはすでに書いた。古い図面では、櫓が書かれたものと、天守台だけのものがある。

天守をあえて築かなかったのは、信虎も信玄もその必要を感じなかったためだ。

領国統治のシンボルとしての天守は、戦国大名ではまだそれほど重要視されない。

信玄ほどになれば、天守という形で領民にも敵にも力を誇示する必要はなかったのだ。

天守を城の代表的な建物として考えはじめたのは、次章で述べるが、松永久《ひさ》秀《ひで》、織田信長、豊臣秀吉である。いずれも大志があり、派手好みな人物であった。

徳川家康も、秀吉の考えを引き継いで、天守を権力誇示のシンボルと考え、さかんに造った。

家康はそのため、大坂の陣ののち元和《げんな》の〝一国一城の令〟ののちも、諸大名の居城だけは領国統治のため、分《ぶん》にすぎない程度に保持することを命じている。

信玄の時代には、まだ天守という呼称もなく、単なる櫓であった。これは物見や倉庫や戦いの最終拠点だから、武将たちもさほど重要視していない。

しかしそれなのに、この躑躅ヶ崎館に大きな天守台を造ったのはなぜか？　これには変わった伝説があるのだが、その前に少々天守について説明しよう。

もともと天守という名前には、天守のほかに天主、殿守、殿主、などの用語がある。最近は、一般的に天守か天主という字を使うようになったが、戦国から江戸時代の文献では、どれと限らず、いろいろと使用している。

「天主」という書き方は、織田信長の安土《あづち》城にはじまる。信長は日本統一の途中、仏教勢力との抗争が激しく、一向宗徒《いっこうしゅうと》の反抗や比叡山宗門《ひえいざんしゅうもん》との戦いに手を焼いた。折りから外国から入ってきた天主教（キリスト教）を広めることによって、仏教勢力抑圧の一助にもなるかと考えた。そのため、日本での天主教の布教を許した。そして自らも、宣教師の話でヨーロッパの城に天主を祀《まつ》るのにならって、安土城天守の最上層に天主を祀り、この櫓を天主と称した。

こののち、信長にならって居城の中心に大櫓を建てた諸大名は、その櫓を天主と呼んだ。

天正十五年（一五八七）、豊臣秀吉がキリスト教を禁止すると、天主教に因《ちな》んだ天主ではぐあいが悪いので、「天守」に改め、各大名ともこれにならった。

しかし、この説はなんとなくうがちすぎていて、後世のこじつけだと思われる。

太田和泉守牛一《いずみのかみぎゅういち》の『信長公記《のぶながこうき》』では、天主という字を使っている。

また、一説によると天守の語源は、仏典にある梵天帝釈《ぼんてんたいしゃく》の本拠〝てんしゅ〟が須弥山《しゅみせん》山頂にあることによる。山上のその建物が城閣に似ているところから、一城の中心の大櫓を天守と称した。

これもいささかこじつけの説だ。

「殿守」は諸文献に現われ、一城の主の居所であり、一城の主要な建物というのだから、常識的な意味である。

「殿主」は『武用弁略《べんりやく》』という本に出てくる。安土城の完成を「日本の殿主の始め」と書いている。一城の主館の意味で、殿は国守の居所という意味で使用された。

いずれにしても「てんしゅ」もしくは「でんしゅ」という言葉が使われたのは、井楼《せいろう》（丸太で組んだ物見台）や屋形《やかた》の搭載建造物が城中の中心の大櫓になってからのことで、これも室町時代になってからで、それほど古いことではない。

●この天守台こそ、軍資金の隠し倉《ぐら》であった

天守閣、天主閣というのは後世の呼び名で、閣というのは金閣《きんかく》や銀閣《ぎんかく》のように、室町時代の貴族の遊興のための建物から出ていて、壮麗な松永久秀の天守から閣がつけられるようになった。

江戸時代の軍学者は「天守の十徳」として、天守の役割について次の十項目をあげている。

一、城内をみる
二、城外をみる
三、遠方をみる
四、城内武者《むしゃ》配《くば》り自由
五、城内の気をみる
六、守禦《しゅぎょ》の下知《げち》自由
七、寄手《よせて》と左右をみる
八、飛物掛《とびものがかり》自由
九、非常時変化
十、城の飾り

である。

「飛物掛自由」とは、鉄砲や弓が自由自在に射《う》てることである。

「城の飾り」とは、徳川時代になって天守の武備としての役割が減少すると、天守は城主の威厳、権威を示すための建物になる、という意味だが、視覚的にも本丸に天守がないと、なんとなくしまらない。

いずれにしても、天守の役割を要約すると、時代によって多少の違いはあるにしても、「展望と司令所」「倉庫」「戦闘の最終拠点」「城主の居所」「城の威厳を示す」の五つだ。しかし「城主の居所」というのは、中世の古い時代か、戦時中に限られた。天守の内部は生活の場所としては快適ではない。

今は天守台が老朽化し危険だから躑躅ヶ崎館の天守台の上には一般の人は上れないのだが、昔はここの中央部にあった毘沙門堂に地下室の穴倉があり、武田家の財宝が隠されていた。甲州は有名な金の産地で、信玄もこの生産を奨励した。甲州金というなまこ型の金の小判は有名だが江戸時代になると、幕府はこの流通を禁止した。純度が高かったために、回収して通常の小判に吹き替えると莫大な利益があるためだ。

信玄は、軍用金として小判にした金をここに貯え、非常時に役立てるつもりだった。この貯蔵用倉として天守台の地下を利用した。

信玄が天守台の上に毘沙門堂を建てたのは信仰の目的もあったが、地下の金庫への入口でもあったわけだ。そのため、当時は天守台に上るのを厳重に禁じている。

この甲州金は、信玄の子勝頼が新府に新城を築いたとき運び出され、一部は要害山城の金倉に運ばれた。要害山城の金倉と称する洞窟は、その後発見されたという話は聞かないので、いまだに山吹色の小判がそこに眠っているのだろうか。

●水利の悪さに苦しんだ戦国の武将たち

武田神社になっている躑躅ヶ崎館から北に一キロほどゆるやかな坂道を上がると、古府中というあたりで、その先にこんもりとした山容の要害山城が見える。山麓に積翠寺《せきすい》（石水寺《せきすい》）というお寺があって、信玄が生まれて産湯《うぶゆ》をつかったという井戸が残っている。

信玄は大永《だいえい》元年（一五二一）、ここで生まれた。

武田氏の勢力もまだ、甲斐一国を完全には握っていないので、館も躑躅ヶ崎より安全な要害山城の山麓にあったのだ。この寺には、信玄の立派なブロンズ像ができている。

山上には、わずかの石垣と信玄誕生の石碑が立っているが、私はこの城を歩いてみて、城としての重大な欠点を発見した。

それは、水利が悪いことである。

信玄《しんげん》が産湯《うぶゆ》をつかったといわれる積翠寺《せきすいじ》の“産湯の井戸”

もちろん水は山麓にはあるから、決定的に困るというわけではないが、山上の拠点で水を得られないということは、城として失格だ。水を得ようと井戸を掘ったり、山上の湧《わ》き水を引いた場所はあるが、いずれも量的には長期の籠城に耐えるほどのものではない。

城に水が大切なことは、何度もいってきた。

戦国の名城といわれた城は、たとえそれが高い山上にあっても水利には恵まれている。

ちょっと余談だが、城の水利について日本人のすばらしい知恵の話をしておこう。

加賀百万石の城、金沢は、そのはじめは御山御坊《おやまごぼう》という白山修験者《はくさんしゆげんじや》の基地で、やがて寺院が造られ一向一揆の根拠地ともなった。大阪のはじめの石山《いしやま》御坊と同じく、尾山《おやま》八町という城下町をもつ宗教的な城塞だった。

前田利家《まえだとしいえ》が天正十一年（一五八三）、七尾《ななお》城からここに移り、御山御坊の城地を接収して城を造った。

百万石の大名としてはやや狭小の城地だったが、戸室《とむろ》山、卯辰《うたつ》山の二山と野田《のだ》山に囲まれた泉野《いずみの》扇状台地を利用した城地で、東西に浅野川、犀《さい》川の二川が流れ、城造りには格好な土地だ。城下町を広げる余地も十分にある。

ところが、城を造って困ったのは水利があまりよくないことだ。飲料水くらいは井戸を深く掘って得られたが、城地は高台で、東西を流れる二川の水位は城よりはるかに低い。堀を掘ったが水はなく、空堀で防火用水にさえ事欠く始末だった。

●サイフォンの原理で水を城内に入れた金沢《かなざわ》城

金沢の火事というのは、江戸につぐ名物で、その火消しも有名だ。「加賀鳶《とび》」とか「加賀火消し」などの異名をとったのもそのためだ。

『石川県史』を見ると、金沢の町に慶長《けいちょう》七年（一六〇二）から安政《あんせい》六年（一八五九）の二百五十七年間に、なんと大火が五十六回もあった。昔は消火設備が弱いから、一度大火になると手がつけられない。類焼を防ぐため建物を壊《こわ》していくだけだ。

城もそのつど類焼し、慶長七年には天守も焼け、その後、火災を恐れ、天守は建てられなかった。そのほかにも城内の重要な建物が数多く焼けた。

寛永《かんえい》八年（一六三一）、城主前田利常《としつね》はあまりの大火の続発に城内の防火用の水を心配した。新しく井戸を十数カ所掘ったが、とてもその水量ではまにあわない。

ところが水利の源になる浅野川、犀川は、どちらも城地より水位が低い。どうして城内に豊かに水を引き入れるか、である。

藩内の小松に住む板屋兵四郎《いたやへいしろう》というものが呼び出された。水利の工事に巧みとの名声があった。兵四郎もこの難問には苦労したが、連日連夜考えた末、犀川の上流辰巳《たつみ》に河水の堰上《せきあ》げ堤を造った。今のダムである。

辰巳の堤の水位を金沢城の位置より高くし、そして辰巳からえんえんと水道を掘った。なかには山腹をくりぬく工事もあったので、隧道《ずいどう》の仕事は設計上でも実際でも難航を続けた。

水路の幅は一メートルないし二メートル、トンネルは二・七キロメートルにもなって、用水の全長は七・九三四キロメートルであった。

日本三名園の一つである兼六園《けんろくえん》の池にも、金沢城の堀にも、水がいっぱいになった。

さらに城内の高い土地には兼六園の水が蓮池堀《はすいけ》（百間堀）の低地を通って〝伏《ふし》

兼六園《けんろくえん》の水は金沢城内に「サイフォンの原理」で引かれた

越《ご》の理〟すなわち「サイフォンの原理」で上げられた。昭和三十五年（一九六〇）の工事で城内からこのサイフォンに使用した、石で造った治水管が掘り出された。外形の断面は四角で、中は丸形、長さ一一二・五センチ、各辺四〇センチ、丸穴の直径一八・五センチのものだった。

あとで考えればなんでもないことだが、水位を上げて水道で水を運ぶというのは、すばらしいアイデアである。サイフォンにしてもすでに日本人は、数百年もの前からこの原理を知っていたのである。これも城造りに使われた知恵の一つだ。

金沢城では百万石の実力で、このような水利を完成したが、武田家の要害山城の唯一の弱点は、この水利にあったのだった。これがのちにまた武田家に大きな災《わざわ》いを及ぼすことになる。

●城造りでも両雄だった武田と上杉

戦国時代初期の名城といわれたものは、徳川時代のそれとは違う。戦国大名の居城と、のちの封建大名の居城では、おのずから城の造り方も役割も違うからだ。

戦国のはじめのころの名城といわれたのは、次の八城である。

越後《えちご》　春日山《かすがやま》城　上杉氏
越前《えちぜん》　一乗谷《いちじょうだに》城　朝倉氏
能登《のと》　七尾《ななお》城　畠山氏
近江《おうみ》　小谷《おだに》城　浅井氏
美濃《みの》　井《い》ノ口《くち》城（稲葉山《いなばやま》城）　土岐《とき》氏
甲斐《かい》　要害山《ようがいさん》城（積翠寺山《せきすいじさん》城）　武田氏
近江　観音寺《かんのんじ》城　佐々木氏
大和《やまと》　信貴山《しぎさん》城　松永氏

これを戦国の八名城と呼んだのは後世の呼称で、当時からのものではない。しかし、いずれも戦国の古い名門武将の居城である。もっとも、松永久秀を名門というには多少異議があるだろう。

この八つの名城といわれる城を見て、共通しているのは、すべて相当な高さをもつ山城であることだ。生活のためには便利も悪い。

だからこれらの城では、平時の生活は山麓《さんろく》の根小屋と称する屋形で行なわれた。敵が攻めてきそうになると山上に籠《こも》った。また、撃退できそうな敵だったら出撃して平野で戦った。

アクロポリス型城郭だったのだ。

しかし、敵はいつ攻めてくるかはわからないから、その恐れのある所では見張台をほうぼうに設けた。烽台《とぶひだい》ともいうのは、敵襲を烽《のろし》をあげて知らせたからである。

これもまた不思議なことだが、この八つの名城が、一つも近世城郭として大名の居城に受けつがれなかったことだ。山上は詰《つめ》の城だから、山麓を使えば城下町の発達の余地もあるし、だいいち用心がいい。それをすべて廃城にしてしまったのは、これらの城が落城の悲運にあったものもあるので、武将が縁起《えんぎ》をかついだことも一つの原因だ。

上杉謙信の春日山城は海抜八〇〇メートル、かつては八ケ峰《やつがみね》といわれ、春日神社が祀られていた。春日山の名はそこから出ている。

天文《てんぶん》十七年（一五四八）、長尾景虎《かげとら》（後の上杉謙信）が十九歳で越後守護代とな

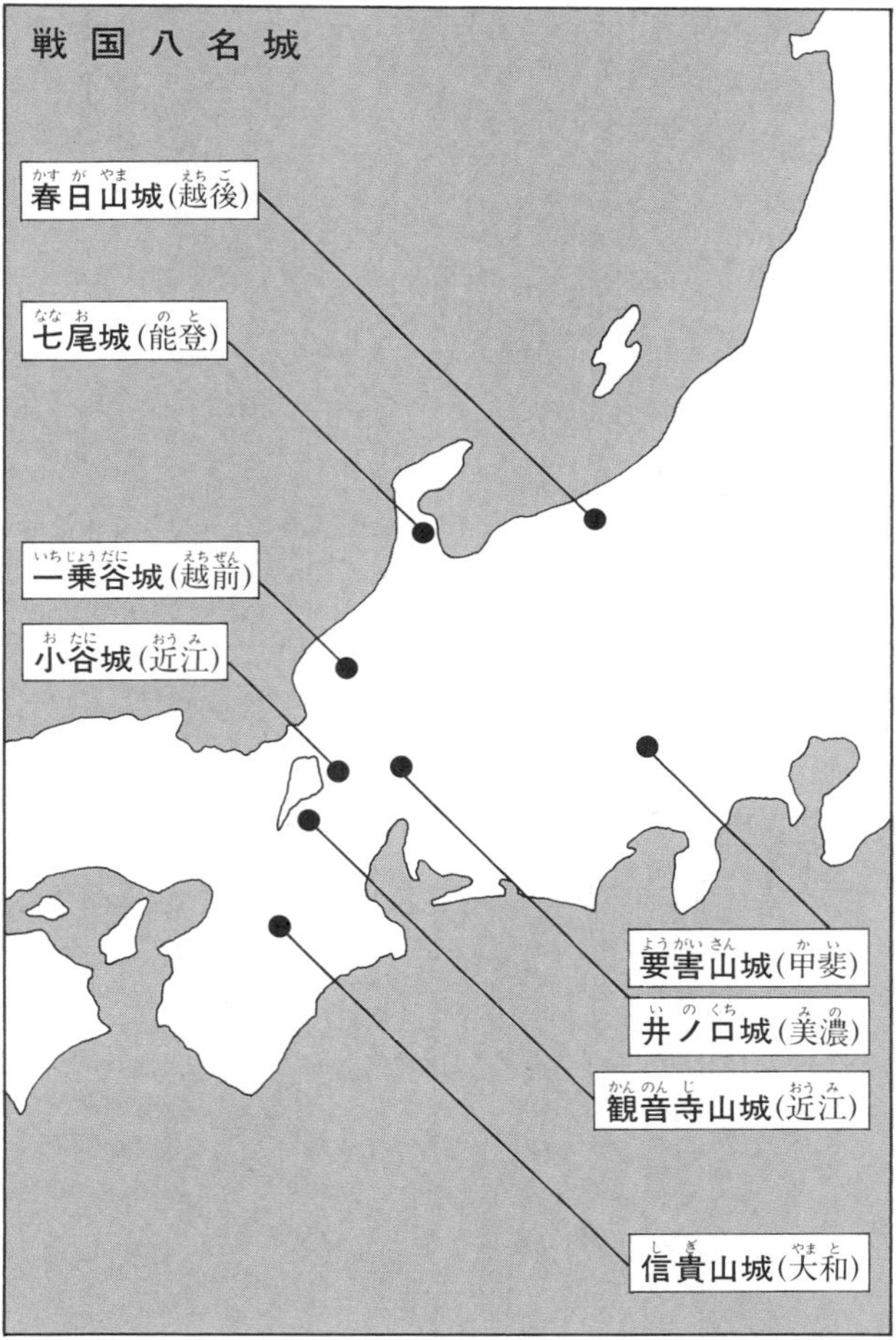

春日山城と要害山城だけが落城しなかった八名城

って府中の館（今の直江津《なおえつ》）にいて、春日山に詰の城を築いた。ところが、府中と春日山では三キロメートルほどの道のりがあって、緊急のときにはまにあわない。

結局、春日山が本城になってその山麓に根小屋を造った。家来たちの小屋もここに集まった。

しかし、古い図を見ると山上にも土塁、櫓、城門、館など造って相当な城構えをしている。

戦国八名城で落城していないのは、春日山と要害山だけだ。城造りでもさすがに上杉と武田である。

春日山は本丸を山頂におき、御天上《ごてんじょう》と称した。今、天守閣跡という碑があるが、当時は天守閣というほどの建物ではなく井楼《せいろう》風な櫓が組まれていた。籠城の場合の屋形と倉庫、武器庫は二の丸、三の丸に置かれ、本丸西に大井戸があるが、水量もわりあい多い。しかも山が高いから、城内に岩清水《いわしみず》の湧く所もあったので、ある程度の人数なら飲料水には困らない。

戦国のこの当時の戦いは主に野戦で、城攻めは最後の手段だから、城を実際に見ると幾十日とか数カ月の籠城の用意はあまり考えていない。本格的な籠城を考えるのは戦国の半ばころからのちだ。

江戸時代の軍学者によれば、城を守るに必要な兵力は、塁上一間（約二メートル）について兵士三人である。城地の人員収容力は一・五坪から三坪（九平方メートル）に一人とされている。

もっとも、これは大名の居城のような近世城郭だから、戦国の山城とは比較にはならないが、甲斐守護の武田氏にしろ、越後守護代の長尾氏（のちの上杉氏）にしろ、要害山城や春日山城を十分に守るだけの直属の大人数の家来や旗本を常時もっていたわけではないから、近世の城とは様子が違うのだ。

時代がさらにさかのぼるが、よく攻城戦の引き合いに出される楠木《くすのき》正成《まさしげ》の千早《ちはや》、赤坂の山城戦では、一千の守兵で五、六万の幕府の大軍を防いでいるが、これは天険を最大限に利用したゲリラ的戦法だ。だから敵を悩まし、損害を与えたが、この大軍に勝つことはできなかった。城も山城だから長い籠城には耐えていない。

要するに山城というものは、いかなる城でも難攻不落の名城になり得るともいえるし、また反対のこともいえる。それが戦国の山城だ。武田家の要害山城といえども、例外ではなかった。

●新府《しんぷ》築城がまにあわなかった勝頼の悲劇

元亀四年（一五七三）、武田信玄は遠征途上の信州伊那駒場《いなこまんば》で死んだ。天正三年長篠《ながしの》の戦いは武田家凋落《ちょうらく》の第一歩だ（27ページ参照）。きら星のごとくいた武田の名将の大部分がこの戦いで戦死した。

ここで一つの大きな謎が出現する。

武田勝頼が躑躅ヶ崎館と要害山城を見切って、西北の方《かた》四里のところにある新府に城を築こうとしたことだ。

穴山梅雪《あなやまばいせつ》の献策ともいうが、梅雪は新府城の完成を待たずに降伏している。

新府は今では韮崎《にらさき》市内にあり、釜無《かまなし》川にそった屏風《びょうぶ》のような山だ。ＪＲ中央本線の駅は新府が近い。城まで歩いて一キロメートルほどの距離だが、国道二〇号線を車で走っていても長野のほうに向かって右側によく見える。

新府は地形的に見れば確かに要害なのだが、大城を築くような土地柄ではない。

なぜ、勝頼はここに城を築いたのだろうか。

その解答はこうだ。

長篠の戦いののち、武田家の兵力は急速に減少した。重臣の離反もあった。すでに、躑躅ヶ崎館も要害山城も守備できるだけの兵力はなくなった。前に城を守るのに、塁上一間について三人の兵が必要だということは書いた。勝頼の下《もと》には、躑躅ヶ崎館と要害山城の居城を十分に防備する兵力さえなくなっていたのだ。長篠の戦いで生き残った家臣たちも、城持ちのものは自分の城に籠って、いつ武田家を見切るかの計算をしていて、躑躅ヶ崎に伺候《しこう》するものはほとんどない。勝頼にはほんのわずかな手勢《てぜい》しかいなかった。

この情勢では織田、徳川軍の攻撃を受ければ、躑躅ヶ崎も要害山もひとたまりもない。

勝頼は考えた末、新府築城に踏み切った。この地形なら、今の手勢でも守れる城が造れそうだった。ところが、落ち目になったときはしようのないものである。新府築城の途中で織田、徳川軍の攻撃を受けた。未完成の城では戦えない。城に火をかけて、東に逃れ、四〇キロメートルほど離れた要害の天目山《てんもくざん》に登ろうとした。

ここでも運悪く土豪《どごう》の反抗を受けた。勝頼がもっていた甲州金の軍資金が狙われたのだ。

また、勝頼たちを討《う》って信長の恩賞をもらおうというものもいた。

天目山には登れず、田野《たの》という台地で織田軍の攻撃を受けて、一族すべて自刃した。

勝頼は三十七歳、北条氏からきた夫人十九歳、先夫人との間に生まれた嫡子《ちやくし》信勝十六歳。勝頼は自刃する前に、夫人には小田原に逃れるようにと勧《すす》めたが、一緒に死を願い夫に殉じた。辞世の歌がいい。

黒髪の乱れたる世ぞ果てしなき
　思ひに消ゆる露の玉の緒《お》

日本には昔、こんな女性もいたのだ。

家来の一人が、軍用金の甲州金だけは田野に近い谷川の洞窟にかくしたという。

城に拠《よ》ってさえ戦えなかった勝頼を、地下の信玄はさぞふがいないと思ったであろう。甲斐守護職の大身が城でさえ死ねなかったのだ。

要害山城と躑躅ヶ崎館は、織田軍に無血占領された。
勝頼の最期《さいご》を見て、地下の信玄はおそらくこんなことを呟いただろう。
「人と城」「人と石垣」「人と堀」……。

4

なぜ信長は安土城天守閣を築いたのか

——はじめての天守閣・多聞城の謎

〈この章に登場する主な史跡〉

安土城

観音寺山城

本能寺

大坂城

多聞城

●なぜ安土城《あづち》は〝幻の天守〟と呼ばれるのか

ＪＲ東海道本線安土《あづち》駅を降りると、その北側に安土山が見える。一九九メートルの形のいい山である。かつて織田信長《おだのぶなが》によって城が築かれ、近世最大の城下町《とまち》に発展することを約束された町だったが、今では人口一万たらず、急行さえも停まらない、人々から忘れられた町である。

安土城天守のあった山頂には、山麓《さんろく》から二つの道がある。一つは、かつて大手《おおて》口《ぐち》といわれた南側からの道であり、いま一つは、総見寺《そうけんじ》口といわれた西からの道である。そのいずれを選んでも、道は平坦ではない。しかし、山上にたどり着き、天守台《てんしゅだい》石垣の上に立てば、あえぎながら登った苦しさは一瞬のうちに忘れ去る。

かつて五層七重の威容を誇った天守は、すでにそこにはないが、一世の英雄の夢を秘めた壮麗な建造物の面影《おもかげ》を、残っている天守台の上にしのぶことができる。

人呼んで〝幻の天守〟。

この安土が、幻の天守といわれるのはなぜか。その謎をさぐってみよう。

天正《てんしょう》四年（一五七六）二月二十三日、織田信長は、その居城を岐阜《ぎふ》から安土に移した。

しかし、安土の城はまだ完成していない。すでに前の年の暮れから準備され、正月から本格的にはじまった築城の工事は、驚くほどの早さで進んでいる。

総奉行《ぶぎょう》には安土に近い近江《おうみ》佐和山《さわやま》の城主丹羽《にわ》五郎左衛門長秀《ごろうざえもんながひで》、石奉行に西尾《にしお》小左衛門《こざえもん》、小沢六郎三郎《おざわろくろうさぶろう》、吉田平内《よしだへいない》、作事《さくじ》奉行に岡部又右衛門此言《おかべまたえもんこれとき》が命ぜられた。そのほかにも、信長の命で遠征中でない部将たち、羽柴秀吉《はしばひでよし》、滝川一益《たきかわかずます》はじめ近隣に在城する諸将に助勢の申し付けがあった。

雑兵《ぞうひょう》、近郊から集められた農民らが安土の山上から山麓の城下町と、決められた区割で動き、その数はたちまち二千人に達した。

そのほかにも安土築城の噂を聞き、京、大坂などから人足がぞくぞく集まる。その数はやがて一万人にもなるほどだった。

目先の早い商人たちは、城造りに集まる人数を見越して小屋掛けの食べ物屋、屋台《やたい》の酒屋、そのほか日用品を売る店を開いた。すでに町はずれの湖水ぞいにも、岐阜、京、大坂から現われた春をひさぐ女たちの掛け小屋まで見られた。

●ヨーロッパの築城術を取り入れた信長

信長は毎日陣頭に立って城普請《ぶしん》の見回りをしたが、その精力的な動きに近習《きんじゅう》や小姓《こしょう》たちも右往左往、席の暖まる暇もない。

人々がとくに奇妙に思ったのは、信長の近くにキリシタンのバテレンたちが二、三人付いていることだった。

彼らは何事か相談にあずかり、とくに山上の天守作事場《さくじば》に行くときは、必ず従っていた。

安土築城に先だつ永禄《えいろく》十二年（一五六九）五月二十八日、ポルトガル人宣教師ルイス・フロイスは、岐阜に織田信長をたずねた。日本でのキリスト教の布教に協力を願うためだった。仏教勢力が自分に反抗するのを憎んでいた信長は、これを抑える一助とも考えて、フロイスの布教に協力することを約束した。

このとき、信長はフロイスにヨーロッパ諸国の城についていろいろと質問したが、フロイスの話は城のみでなく、宮殿、大寺院の建築にまで及んだ。

信長にはすでに、岐阜城の山が高すぎることや、京都からあまり離れすぎていることから、新しく城を築く考えがあったのである。

信長は城を、これまで那古野《なごや》にはじまり、清洲《きよす》、小牧《こまき》山、岐阜と移してきた。

織田家の勢いは、ますます上昇しつつあった。

しかし、大坂に石山本願寺《いしやまほんがんじ》、紀伊《きい》に根来《ねごろ》、雑賀《さいか》の徒党、大和《やまと》には松永久秀《まつながひさひで》、越《えち》後《ご》に上杉謙信《うえすぎけんしん》、中国に毛利輝元《もうりてるもと》などの反織田勢力も多く、信長の天下統一の前途は多難であった。

信長はこの四囲《しい》の情勢を見たうえで、適当なところへ築城を計画していたが、その第一の条件は、京都に近く、要害で、広範な城下町を経営できるところであった。

大坂の石山本願寺が最も好ましい候補地ではあったが、ここには明応《めいおう》年間以来の本願寺の坊舎《ぼうしゃ》と城構えがあって、元亀《げんき》元年（一五七〇）以来攻めているが、いまだに落城しない。

そこで、信長が城地に選んだのが安土である。

安土の山は近江源氏《おうみげんじ》佐々木氏の居城、観音寺《かんのんじ》城に相対して、かつては観音寺城の出城の一つであったが、大規模な普請はなく、烽台《とぶひだい》や弓の稽古《けいこ》場があったといわれる。上洛《じょうらく》の途中、観音寺山に立ち寄った信長は、その山上から見た安土

安土《あづち》築城の際、信長が参考にした西欧の城（ベージャの城）

の景勝と、東海、東山《とうさん》、北陸三街道の要であるという地の利に目をつけ、ここに城を築くことを決めた。

　こうして安土城は誕生したのだが……。

〝驚くべき光輝〟と宣教師が賛《ほ》めた安土城

　安土城は天正七年（一五七九）に完成した。そして、この城を訪ねる人々は、その豪華さと天守が壮麗で、また奇異なことに目を見張った。

　安土の人々は、この天守を山の下から望見して、信長がバテレンを従えていたことが理解できた。安土城天守には、今までの日本の城の櫓《やぐら》にはなかった異国風の姿があった。それはバテレンの助言によるものである。

　この天守について信長の祐筆《ゆうひつ》（秘書）であった太田和泉守牛一《おおたいずみのかみぎゅういち》が、信長の一代を記した『信長公記《のぶながこうき》』の中に次のように書いている。主なところだけ書きぬくと、

　安土山御天主之次第《のしだい》

石くらの高さ十二間余也。

石くら之内を一重《ひとえ》土蔵に御用、是《これ》より七重也。

二重《ふたえ》、石くらの上、広さ北南へ廿（二十）間《けん》、西東へ十七間、高さ十六間、ま（ん）中に有（る）柱数二百四木立。

三重《みえ》め、十二畳敷、花鳥の御絵有《あり》、則《すなわち》花鳥の間《ま》と申（す）也。別に一段四でう（畳）敷御座の間有、同花鳥の御絵有。

四重め、西十二間に岩に色々木を被遊《あそばされ》、則《すなわち》岩の間と申也。

五重め、御絵はなし。南北の破風口《はふぐち》に四畳半の御座敷、両方に有。二の段と申也。

六重目、八角四間有。外柱は朱也。内柱は皆金也。

七重め、三間四方。御座敷の内、皆金也。そとがは是又《これまた》金也。

また当時、ヨーロッパから日本に来てキリスト教の布教に従っていた宣教師たちが、その見聞記《けんぶんき》を本国に送っているが、その中に安土城に関するものがある。その一つをひろってみよう。

「一五八〇年九月一日（天正八年）パードレ・ジョアン・フランシスコの書翰《しょかん》」

「信長の城は甚《はなは》だ高き山の上に在《あ》り、約三百の階段に依《よ》りて之《これ》に上《う》る、少しく困難なれども馬も此《この》階段を上ることを得《う》べし。山の周囲には部下の大身《たいしん》達の家あり。互に隔離し、各々《おのおの》堅固なる壁を以《もっ》て囲《かこ》まれ、各々一城の如し。山の頂上は甚だ長く且《かつ》堅固なる壁を以《もっ》て囲まれ其内に主城あり。信長の物にして寧《むし》ろ其宮殿と称《しょう》すべし。七階を有し、其室数甚だ多ければ、先頃信長も此《この》家の中にては迷ふべしと言えり。其道知るべき標識は多種の木像なり。其数多く何《いず》れも驚くべき美麗完全なるが信長は少しの不完全をも忍ぶこと能《あた》わず、之《これ》が為め日本国中に在る最良の工人を各地に求めたり。足を置くべき床《ゆか》は天井と同じく清浄にして磨き出し、戸及び窓は塗りて鏡に対するが如く己《おのれ》の形を見ることを得べし。壁は頂上の階の金色と青色を塗りたる外《ほか》は、悉《ことごと》く外部甚だ白く、太陽反射して驚くべき光輝を発せり。瓦《かわら》は大きさポルトガルの瓦に等しきが、製作巧にして外より之を見れば薔薇《ばら》又は花に金を塗りたるが如し」

●ローマ法王に贈られた安土城天守の屏風《びょうぶ》

天正十年（一五八二）六月二日、京都本能寺《ほんのうじ》に織田信長は倒れた。六月十四日、安土の城下は明智光春《あけちみつはる》の手のものに襲われ、兵火によって灰燼《かいじん》に帰《き》してしまう。豪華をきわめ絢爛《けんらん》と輝いた天守も、わずか三年の命運であった。

今では松風の下に天守台の石垣のみを残し、天守は『信長公記』やその他の断片的な記録を残すのみで、その形は謎に包まれてしまったかのように思われた。

昭和十一年（一九三六）、建築家で熱心な城の研究家、今の大坂城再建にも関係した古川重春《ふるかわしげはる》氏（故人）はその著書『日本城郭考』の中で安土城天守の形を推定し、復原想像図を二面発表した。建築家らしい綿密な想像図であり、そのほかにも、同じく、建築家の土屋純一氏が復原図を考証し、以後この図面が安土城天守の外観をほぼ伝えるものとして紹介されてきた。

しかし内部については、相変わらず太田和泉守牛一の記録と、外国人宣教師が本国に送った断片的な記録以外は何一つ現われなかった。

ところが、安土城天守には知られざる一つの貴重な資料があるのだ。それについては、次の一文を紹介しなければならない。

「信長は一年ほど前から、日本の名工に命じて安土城を描いた屏風《びょうぶ》を作らせていた。それは安土の市街と城を、湖水、諸邸宅、道路、橋脚等に至るまで、実物と少しの相違もなく描かねばならぬもので、信長は少しでも違っていると直《ただ》ちに消してやり直させ、かくて彼の満足するものができ上がった。この屏風は大評判となり、信長は特別の好意として少数の寵臣《ちょうしん》に見せるだけであった。正親町《おおぎまち》天皇は信長に求めてこれを観賞され、非常に満足して懇望《こんもう》の意を伝えられた。しかるに信長は、『知らざる風』をして贈呈しようとはしなかった。今や巡察師ヴァリニャーノが安土を出立する時が来た。信長はそれを聞き、『非常な遠方から予に謁《えつ》するために来訪し、長く当市に留まり、予が与えた修道院を大切にする意向を示したことを感謝する。記念並びに親愛の印として何かを贈り、帰国の際に携《たずさ》え帰ってもらいたいと、所蔵の品々について考えてみたが、立派なものは総《すべ》て南蛮国から来たものであるから満足なものがない。ただバテレン等は、学院を絵に描かせる希望もあろうかと考え、予の屏風を贈呈する。もしそれを見て満足ならば留め置くがよく、然《しか》らざれば送り返せ』と伝えさせた。そして師父達がま

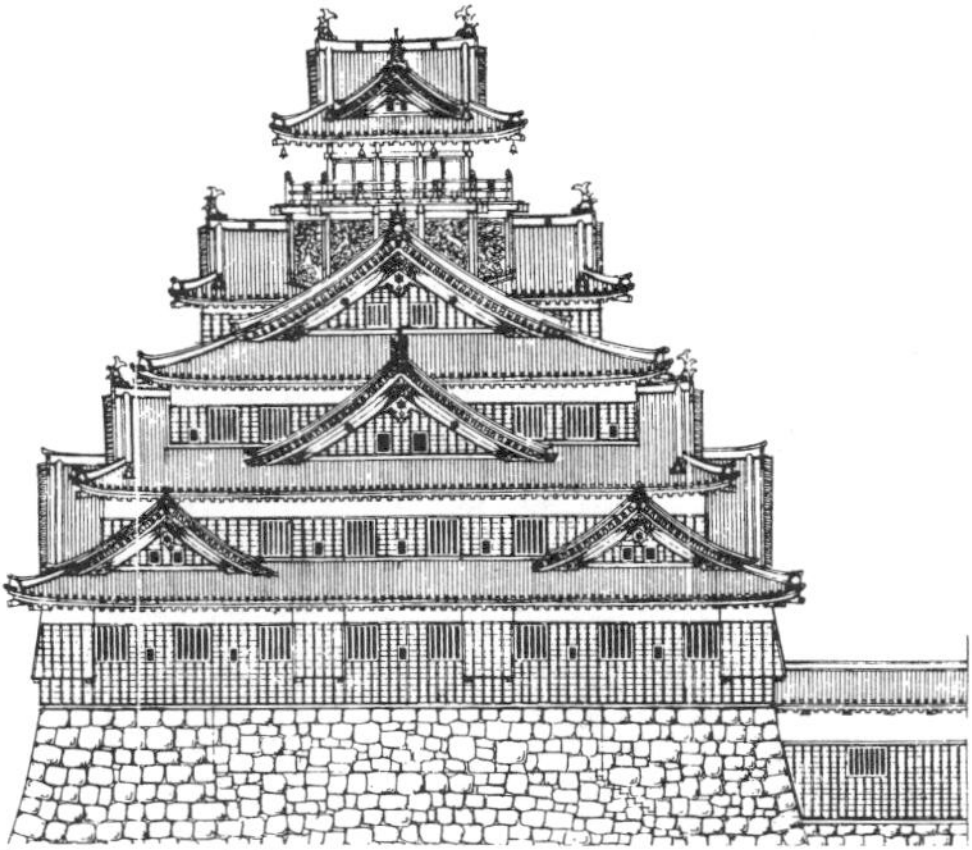

絢爛《けんらん》と輝いた安土《あづち》城天守の復原想像図（古川重春氏作図）

外国の宣教師がその美しさを讃《たた》えた安土《あづち》城跡

だそれを見ない中に信長の許から使者がきて、屏風を届けたが、満足でなければ返すように、と重ねて言ってきた。ヴァリニャーノは、屏風を非常に喜ばしく思うこと、これを支那、インド、ヨーロッパで展覧しようと使者に返答したところ、信長はそれを聞いて大いに満足した」

（この屏風は天正遣欧《てんしょうけんおう》使節の一行によって携行され、ローマ教皇《きょうこう》に献上された）

（『日本巡察記』ヴァリニャーノ著・松田毅一訳・平凡社版）

したがってこの記録によれば、安土城屏風は日本からの長い旅ののちバチカンの教皇の宝庫に入ったのである。この屏風に描かれた精密な安土城天守を見ることができれば、その外観はきわめて正確なものがわかるはずである。

しかし、残念ながら明治以降の日本人でこの屏風を見たものはいないという。

●大坂城の天守は何層であったか

安土城の天守はすばらしいものであったが、さらに壮大だったものが、秀吉が生涯をかけて造りあげた大坂城である。この大城郭は、慶長二十年（一六一五）

秀吉創建の天守を模した現在の大坂城天守閣

大坂の陣で崩壊してしまうが、壮麗な天守の形体を知る資料はきわめて少ない。昭和六年（一九三一）の復興天守の資料となった「大坂夏の陣図屛風」俗称「黒田家《くろだけ》屛風」に描かれた天守は、外観五層である。

この屛風絵は、筑前《ちくぜん》黒田藩に伝わるもので、一説では夏の陣に参加した黒田美作《みまさか》という藩の家老が、藩主長政《ながまさ》の命で八郎兵衛《はちろべえ》という絵師に描かせたという。他説では、夏の陣に加わった重臣竹森貞幸《たけもりさだゆき》が長政の命で下絵を描き、江戸の久左衛門《きゅうざえもん》という町絵師に完成させたといわれる。

大坂の陣の合戦模様を精密に描き分けた六曲一双《ろっきょくいっそう》の屛風の大画面の中央部に、城郭とともに外観五層、各階に破風《はふ》を配し、最上層に高欄《こうらん》を設けた秀吉創建の天守が描かれている。

画面の武士はもとより、幟《のぼり》、槍《やり》、弓、鉄砲に至るまで一つ一つ数えあげた微細な描写力から見て、黒田藩に伝わる製作者の所伝が正しいとすれば、当時の天守をしのぶにたる貴重な資料といえるだろう。

外国人宣教師の見聞記にもかなり詳細に大坂城天守を紹介したものが見られる。

『日本耶蘇《やそ》会年報第二輯《しゅう》』によれば、宣教師フロイスは大坂城の広大、精巧、

美観に瞠目《どうもく》し、特に天守について、

「殊《こと》に重なる塔は金色及び青色の飾を施し、遠方より見え一層荘厳《そうごん》の観を呈している」

と報告している。

天守の瓦に一部金箔《きんぱく》、または金箔を塗ったものが使われたということは、定説になっている。

さらに『オランダ東印度会社遣日使節記』（俗称『モンタヌス日本誌』）では次のように大坂城天守が紹介されている。

「以上に述べた諸城の殆《ほとん》ど中央にありて、他と全く異《ことな》れり。これは高さ百呎《フィート》を超《こ》ゆる青き石の城壁の上に建てらる。この城壁の上に皇帝の驕楽《きょうらく》の塔あり。この塔の階下には、非常に美しき廻廊あり。それより漸次《ぜんじ》数階に続く。第二層には七個の大室あり。第三層には同数のやや小なる室、第四層には六個、第五層には五個、第六層には四個の室あり。一層と二層は通常の瓦に蔽《おお》われ、次の層は鉛、第五層は銅、第六層は金にて蔽わる。塔の一方の側に添いて建てられたる饗宴場も、同じく金の瓦にて葺《ふ》かれたり」

モンタヌスは正式にはアルノルドス・モンタヌス。日本誌といわれるものをまとめたのは、日本の使節からの書簡をもとにしてである。モンタヌス自身は日本に来ていないため、一部に誤解、誤記もある。

大坂城内部の階数については決定的資料がなく、七階から十階まで、異説が多い。『大友宗麟《おおともそうりん》見聞録』では「橋数以上九つ」とあり、この橋数を階段の数と見れば十階ということになる。しかし大友宗麟の観察には穴蔵の階数も含まれていると考えられる。天守の階数には、普通は穴蔵の階は入れないものだ。そのほか『石見吉川家文書《いわみきつかわけもんじょ》』『兼見卿記《かねみきょうき》』などでは八階、『天正記』は七階、『土佐物語』は九階と、筆者によってそれぞれ違っている。

彼らは天下の名城の天守を見物できる興奮にかられて、冷静な観察眼を失っていたのであろうか。

天守の室内装飾についても、ほとんど記録がない。

安土城天守におとらぬすばらしい襖《ふすま》絵もあったと思うのだが、これらを伝える資料はない。

大坂城天守は秀吉夫妻の寝室を除けばほとんど武器、財宝、衣類の倉庫として使われていた。貯蔵された金銀、宝物、小袖《こそで》の量が、記録した筆者たちの印象に強く残されている。

大友宗麟が「三国無双とも可レ申候哉《かな》」と書いたのは、この莫大な財宝の量のこともいっている。

秀吉の寝室は豪華なものであったらしく、ルイス・フロイスは「欧州に於《お》いて用うる非常に高価な寝台二つに、立派な織物に金の縫《ぬいとり》をした布団を掛けたもの」と報告している。

●はじめて天守を造ったのは松永久秀《まつながひさひで》

安土城、大坂城の天守に続いて、諸大名はこぞって自分の城に天守を造ろうとした。そしてあるものは現代に伝わり、私たちの目で見ることもできる。

蒼空にそびえる白亜の天守、非情な歴史と人間のドラマを見つめてきた天守閣、見る人にさまざまなロマンと郷愁を呼び起こす、この壮麗な城の建物はいつ、だれによって造られたのであろうか。

今までの歴史や城の本では、一様にこんなことを書いている。

『細川両家記《りょうけ》』という本に永正《えいしょう》十七年（一五二〇）、伊丹但馬守《いたみたじまのかみ》と野田豊前守《のだぶぜんのかみ》という武士が、摂津《せっつ》の伊丹城落城のとき、城に火をかけて三層の天守で腹を切ったという。

また、『遺漏物語《いろう》』（江戸時代のエピソードを集めた書）という本では、永禄元年（一五五八）尾張《おわり》の楽田《がくでん》城に天守があり、その構造は高さ二間余りの台を築き、その上に五間と七間の矢倉《やぐら》を造り、その屋上に八畳敷きほどの部屋を構え、神仏を祀《まつ》り、武器を備えたという。

これはいずれも、書かれた時代が城のあった当時ではなくて、後世になってだから、小さい三層くらいの櫓《やぐら》を天守と美称化したり、五間、七間くらいの建物の上に造った小屋を天守などとかってに呼称したのである。

歴史上の文献は貴重なものである。しかし文献というものは、鵜《う》呑《の》みにするものではなくて、当時の情勢と照合してはじめて、文献としての信憑性《しんぴょう》と価値があるのではなかろうか。

何の疑いもなく、天守が文献上にはじめて現われた、などと、書くほうも書くほうだが、この程度の文献に現われた櫓の形体では、天守閣と呼ぶには僭称《せんしょう》にすぎる。これくらいの規模の櫓なら同じ時代に他にもいろいろあったのだ。

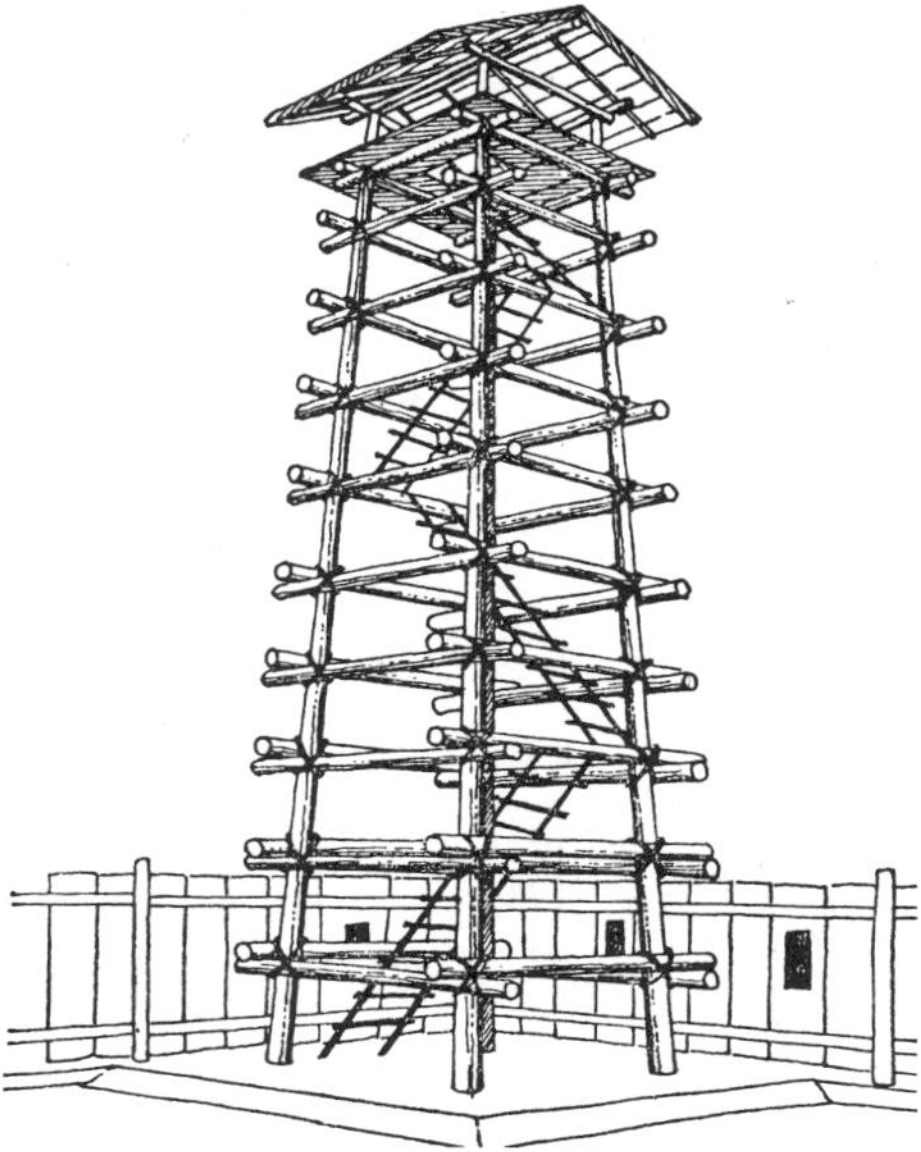

材木を組み上げた井楼《せいろう》が発達して天守になった

伊丹城は摂津の要衝《ようしょう》だから、相当な堅城が築かれ、三層程度の櫓はあったが、天守と称するほどのものではなかった。

江戸時代の学者真田増誉《さなだますよし》が書いた『明良洪範《めいりょうこうはん》』には、さすがにうがったことが書かれている。

「天守のはじめは井楼《せいろう》よりおこる、材木を丈夫に組み上げ、塀を塗ったが、しだいに大きくなり、後に天守と呼ばれた。信長公のときはじめて安土に七重の天守ができる」

天守のはじまりは二つの発達過程がある。一つは、見張り用の井楼を丸太で組み、外側に板を張って階を造り、あるいは、壁など塗って弓矢、鉄砲丸《だま》を防いだ。

いま一つは、大きな屋敷を二層、三層にも上げ、さらにその上に見張りの塔を載《の》せたもので、この二つの形から発達した。

このような実用的な天守は、中世からその原型が見られる。

しかし、日本ではじめて天守閣といわれるほどの立派な櫓を築いたのは、戦国第一の大悪人といわれた松永弾正久秀《まつながだんじょうひさひで》である。

『多聞院《たもんいん》日記』という本によれば、永禄三年（一五六〇）松永久秀の多聞城に四層の華麗な天守があり、さらに城全体が多聞櫓という平櫓《ひらやぐら》で防備され、その英姿と威容は畿内第一であった。

天守閣も多聞櫓も松永久秀の考案だ。

信長の安土城天守が出現する二十年前である。

●松永久秀は城造りのアイデアマンだった

松永久秀の話を書いていたら、それだけで一冊の本になってしまうから、ここでは簡単に紹介しておく。

この人、生まれも素姓《すじょう》もわからない。阿波《あわ》の生まれとも近江《おうみ》の生まれともいい、西国《さいごく》の商人であったという。

阿波の三好《みよし》家に仕えてその才を表わし、天文《てんぶん》十八年（一五四九）には京都所司代《しょしだい》になった。四十歳である。天文二十年（一五五一）には都に入ろうとした三好政勝《まさかつ》、香西元成《かさいもとなり》の軍を破っている。その後、力を得て、堺《さかい》の代官もしていたので、急速に富を築いた。永禄三年、久秀は、三好長慶《ながよし》から大和《やまと》の国をもらった。

大和はもともとほとんどが興福寺《こうふくじ》の荘園《しょうえん》だ。南北朝の統合ののち足利三管領《あしかがさんかんれい》

(斯波氏・細川氏・畠山氏)の一人畠山氏が守護職であったが、応仁の乱ののち群雄が起こった。

永禄のころには、筒井順昭《つついよりあき》がこれを圧し、自ら大和守護と名乗っていた。奈良郡山《こおりやま》に近い筒井に城があったが、天文十九年に筒井順昭が死に、その子藤勝《ふじかつ》は二歳だった。のちの順慶《よりよし》（通称じゅんけい）である。

そこで、大和一国は松永久秀がもらった。国侍たちの多少の抵抗はあったが、大和を平定し、信貴山《しぎさん》に城を構えた。

この信貴山というのがいい所だ。山嶽畳々《じょうじょう》としているわりに山脈《やまなみ》はおだやかで、西にはかって大和朝時代の高安城《たかやす》がそびえ、防壁を造り、北は生駒《いこま》山系の峻峰《しゅんぽう》、東南は幾層もの峰が信貴山を守るように立っている。

今は近鉄信貴線の信貴山口と、反対側の近鉄生駒線の信貴山下からケーブルがある。まるで明治時代にできたような古めかしくて楽しいケーブルで、乗っている時間は十分くらい。この終点から信貴山城跡まで、ちょっとしたハイキングコースだが、道はいい。

信貴山はこの山中でもひときわ険しい山で二峰からできているが、久秀はここに城を築いた。

息をのむほど美しかったという信貴《しぎ》山城の城跡

しかし、久秀の本丸のあったあたりは道も険しく、今は城の石が多少残っているくらいで、見るべきものはないが、山上からの眺めは雄大だ。

山上が険しく敷地もさほど余裕もないので、天守の大きさはせいぜい三層くらいだった。しかし、それは、見る人が息をのむほどみごとであったという。

久秀は、この信貴山城を本拠として大和を平定したが、戦乱がややおさまると、信貴山城は要害ではあっても、生活にはあまりにも不便なので、奈良に近い佐保山《さほやま》の聖武《しょうむ》天皇陵と伝えられる南陵と、皇后陵と伝えられる東陵のある多聞山の広い地域を城地として城を築いた。

これが、日本城郭史上画期的な多聞《たもん》城である。

この城跡は今の奈良市の北、雑司町の正倉院《しょうそういん》と興福寺の中間くらいのところにある小丘だが、昔は大和と山城《やましろ》の国境にあたり、街道の要衝だった。

地形的に要害ではないので、この多聞山の丘陵を石塁で囲み、その上に長櫓《ながやぐら》を全体にめぐらせた。これが後世、多聞櫓、または多聞という名の起こりである。

外側は防備の壁となり、内側は長屋として住まいや、倉庫にも使用できる。そのうえ、城の外観はすごく豪華に見える。当時としてはすばらしいアイデアだった。

●信長を歯ぎしりさせた多聞城の美しさ

久秀は、山の下には濠や土塁をめぐらし、要所には石垣を築いた。その石材も近所から石仏、石碑、墓石、石棺なんでももってきて使った。さらに特色があるのは、城内の天守閣である。

久秀はそれまでの実用一筋の櫓を改めて、外部の装飾に新考案をした建物を造り出した。仏教建築の高欄《こうらん》や火《か》（華）頭窓《とうまど》や、それまで「しび」という魚だった屋根の飾りを勇壮な架空の魚、鯱《しやち》にしたのも彼だ。それまでは城外にあった家臣の屋敷も、ことごとく城郭内に収容した。

織田信長が京から奈良をたずねたとき、今の般若寺《はんにやじ》のある坂のあたりからこの多聞城を見て、あまりの立派さに目をむき、歯ぎしりをして悔《くや》しがった。日本制《せい》覇《は》を狙う信長としては、自分の居城より立派な城の存在は許せないのだ。

ただ、久秀の多聞城天守は通常四層であった、といわれるが、あるいは五層であったか、その点は確証を伝える文献はない。

松永久秀が、信長と家康に会ったときの有名な話がある。信長は久秀を指《さ》して、

「この老人が松永弾正だが、この人、人のできぬことを三つしている。公方様《くぼう》を殺したこと、主家の三好に叛逆《はんぎゃく》したこと、奈良の大仏殿を焼いたこと、普通の人間ではできぬことを三つまでもした人よ」

といった。三好長慶の子義興《よしおき》を毒殺し、将軍義輝《よしてる》を殺したといわれ、大仏殿を焼き、戦国にその非道ぶりを鳴り響かせた久秀のことなので、当然、信長にも心服はしていなかった。

たびたびの向背《こうはい》があったが、幕切れは天正五年（一五七七）八月である。久秀は上杉謙信《うえすぎけんしん》上洛《じょうらく》の噂《うわさ》をきき、また中国の毛利輝元とも計《はか》り、反織田勢力を結集して反撃を計画した。この計略は失敗した。久秀は信長二万の大軍に最後の拠点信貴山城を囲まれた。城兵に十分な力があり、上杉、毛利の援軍の可能性があれば籠城戦で頑張れただろうが、その見通しはない。戦況を観察したところ、落城はあとは時間の問題である。ついに天守に火をかけ切腹したが、最期がまた変わっている。首を取られるのを嫌って、火薬を爆発させ天守もろとも滅亡した。

しかし、この松永久秀の城造りのアイデアは、やがて信長の安土に受け継がれ、さらに秀吉の大坂城、そして家康の江戸城にと踏襲されたのである。大悪人といえども、天才は天才だったのである。

5

なぜ抜け穴伝説が生まれたのか

——井戸が入口だった⁉　姫路《ひめじ》城抜け穴の謎

〈この章に登場する主な史跡〉

姫路城
宇和島城
龍光院
熊本城
江戸城
金沢城

●城にはつきものだった抜け穴と間道

ＪＲ山陽本線姫路《ひめじ》駅を下りて駅前広場に立つと、大通りの先に姫路城の天守群の威容が目に入る。

日本で、建物をよく残している城という意味では、姫路城がトップである。今でも四つの天守、二十六の櫓《やぐら》、十五の城門が残っている。ほかに、姫路城には城内の主要部分に井戸があり、かつては三十三カ所あったが、現在でも十四カ所が残っている。

天守閣の近くの井戸は、ロの渡櫓《わたりやぐら》の中に一つ、井郭櫓《いのくるわやぐら》の井戸、そして上山《かみやま》里下《ざとした》二の丸、の三つである。上山里下の井戸のある二の丸には、今は何もないが、昔は屋敷があった。この二の丸の井戸が〝播州皿屋敷《ばんしゅうさらやしき》〟の伝説で有名な〝お菊井戸〟といわれている。

近世の城は、そこが大名たちの生活の場所でもあるから、城内で水が得られるということが城地を選定する条件の一つであった。どの城でも井戸は多い。井戸を多く掘った理由として、城がおおかたは平地より高い所にあり、井戸を掘って

きにも、水に困らないようにとの配慮もあったことが考えられる。
も水量が一つの井戸では少なかったということ、同時に、多人数が籠城《ろうじょう》したという伝説がある。

姫路城には昔から、この井戸のうちのいくつかが抜け穴になっていた、という伝説がある。

たとえば、次ページの図のように口の渡櫓は、地下を通って北の櫓に出ることができ、その石垣の下に小舟があって外濠《そとぼり》を伝って城外に逃れられる。また、井郭櫓の井戸からは、本丸東側の喜斉門《きせいもん》の外の土塁に通じていた。お菊井戸からは、帯郭櫓《おびぐるわやぐら》下の濠に通じ、ここにも小舟が用意されていた、というのである。

試みに地図の上で、これらの抜け穴といわれる直線の長さを計ってみると、ロの渡櫓井戸から北の櫓までは約八〇メートル、井郭櫓井戸から喜斉門までは約一三〇メートル、お菊井戸から帯郭櫓下までは四五メートルである。

もし実際に、その距離に抜け穴のためのトンネルを掘るとすれば、ロの渡櫓からのトンネルは、内濠の下を掘り抜くことになる。そうとうな難工事だが、不可能ではない。あとの二つは、それほど難しくない。抜け穴から出たのちの逃れる道にしても、いちおうの筋はとおっている。

抜け穴はトンネル式のものであるが、もう一つ、城には抜け道（隠し道）とも

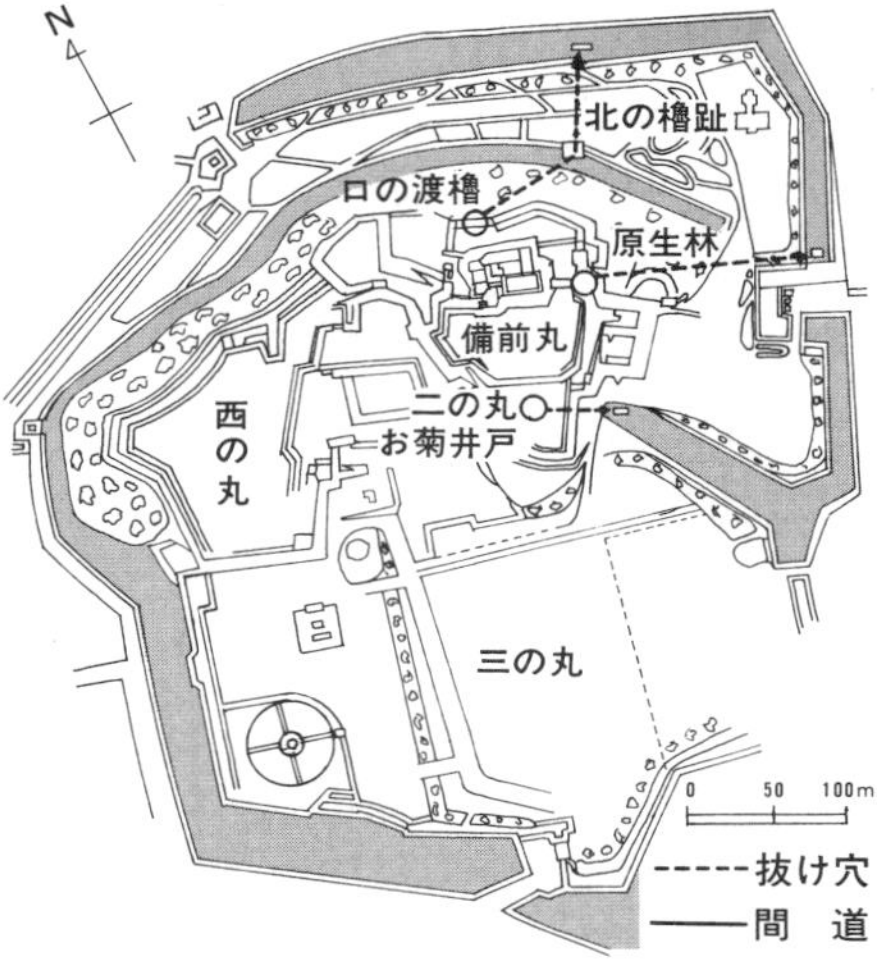

抜《ぬ》け穴《あな》・間道《かんどう》の位置を示す姫路城《ひめじ》城郭図《じょうかく》

姫路《ひめじ》城の間道《かんどう》の入口

いうべき間道《かんどう》というものがある。城主が、万一の落城を考えて、脱出道路としての間道を設けることは、城造りの常識である。昔の武将や侍《さむらい》が城を攻められて負ければ、必ず城を枕に討死《うちじに》とは限らない。再起を計って城を落ちのびることも多い。また、自分は討死と決心しても、自分の家族などは逃す場合もある。

こうして間道は、城にはつきものだったのだ。

どの城にも、城内と城外とをつなぐ隠された道があったが、秘密の通路として、平時には使用されなかった。その道の入口は、林の中とか小さい社《やしろ》やお宮の裏とかになっていて、知らない人には、容易には発見できない仕組みだ。

●井戸が抜け穴の入り口だった

間道というのは、このような地上の隠された道で、抜け穴と同じ意味ではない。抜け穴はトンネル、地下道である。

間道は隠された道だから、必ずしもトンネル、地下道とは限らない。

間道はすべての城に造られたが、現在では城地が変わってしまって、まったくわからないものもある。また、名古屋城のように、今も本丸から二の丸、深井丸《ふけいまる》にかけて残っているものもある。名古屋城の場合、この間道は一般的に知られていて、機密性がうすい。この城ができたころの城の役割と時代（一六一四年完成）を考えれば、間道などもうあまり必要ではなくなっていたのだろう。

姫路城に限らず、城内にある井戸が抜け穴の入口として伝わっているケースは多い。

私の故里《ふるさと》、愛媛《えひめ》県の宇和島城の井戸にも、抜け穴の伝説が語りつがれている。城山の中腹にちんちん井戸、というのがあって、これに小石を投げ込むと〝ちんちん〟と音がするためというのだが、実際には石を落としても、しばらくしてからかすかな水音がするだけで、ちんちんという音はいっこうに聞こえない。

この井戸は、かつて殿様の侍女が斬殺されて投げ込まれたと、どの城にもありそうな話が伝わり、井戸の途中に横穴があって、そこが抜け穴の入口になっていた。

明治になってのち、郷土史家たちがこの穴を調査したところ、途中、人間が入れるほどの横穴らしいものがどこかに通じている様子もあったが、崩れていて、それ以上は確かめることはできなかった。この横穴が、城下町を経て龍光院《りゅうこういん》という山寺の井戸とつながっているというのだが、城の井戸と寺の間は数百メートルの距離である。

この井戸の位置から、城山のすぐ下まで迫っていた海岸までなら、数十メートルの距離で、城山の地盤も硬いから抜け穴は難工事だが、まったく可能性がないともいいきれない。海岸に舟を用意しておけば、逃げ道としては理想的だ。宇和島城の城山は原生林がそのまま保たれていたので、海岸に出る間道はいくらでも造ることはできた。

実際に山中を調べてみたら、明らかに間道らしい小道がいくつか発見された。

●姫路城を完成させたのは池田輝政《いけだてるまさ》

ところで、姫路城の抜け穴はほんとうにあったのだろうか。

前に書いた三つの井戸は、ほんとうに抜け穴の入口なのか。

この答えを出す前に、日本三名城の一つという姫路城の構造を見てみよう。

三名城というのは、ふつう名古屋城、姫路城、熊本城をいい、江戸城と大坂城は別格である。この五城を日本五名城という呼び名もある。番付《ばんづけ》的な趣向だが、実際にもこの五つの城は、やはり規模も大きく諸条件のすぐれた城である。

池田輝政《いけだてるまさ》が完成させた美しい姫路《ひめじ》城

姫路城のはじまりは諸説あるが、元弘《げんこう》三年（一三三三）、赤松則村《あかまつのりむら》が播磨《はりま》の国に挙兵したとき、拠点として築城した。南北朝の争乱の時代で、則村は南朝に属した。このときの築城は臨時の砦《とりで》だ。

姫山《ひめやま》という小丘の上に土塁と堀をめぐらし、木柵《もくさく》で囲い、城戸《きど》を構えた程度のものだ。それから十年ほどのち、則村の二男貞範《さだのり》がはじめて姫山に居館を築いた。土塁、堀、柵の城内に一族の居住する館を構えたのである。のちに、赤松氏の部将小寺《おでら》氏が居城した。

天正《てんしょう》五年（一五七七）、羽柴秀吉《はしばひでよし》が織田信長《おだのぶなが》の部将として中国征伐の軍を進めたとき、姫路を拠点として、ここに城を築いた。このとき、秀吉はすでに信長の一方の将だったから、前進基地として実戦的で相当な規模の城を造った。

姫山全体を土塁と木柵で囲み、今の天守閣がある場所に三層の天守を構えたが、後世の大名の居城のような華麗さはまだなく、実用的な作戦基地である。城内には将兵を収容する小屋、兵糧《ひょうろう》、武器をおさめる櫓、倉庫が立ち並んだ。しかし、派手好みの秀吉のことだから、天守は立派にしたいと考えた。天守台の石を急いで集めるのに賞金を出した、というエピソードが伝わっている。

慶長《けいちょう》五年（一六〇〇）の関ヶ原の戦いののち徳川家康の女婿《じょせい》、池田輝政が、五十二万石の大名として姫路に入り、やがて一族の石高《こくだか》をあわせると八十七万石の大守《たいしゅ》となる。ここで姫路城は、百万石の城主にふさわしい居城として、大改築の工事が起こされた。

輝政は、秀吉が築いた姫山を本丸として利用したが、秀吉の前進基地のような城ではなく、大守の居城にふさわしい城を築いた。現在残っている姫路城の石垣、堀、建物はそのときのものだ。姫路城の規模を見ると、輝政という武将は、さすがに家康が見込んだだけの名将である。

●じつに複雑に設計された姫路城の縄張り

姫路城がすぐれているのは、その縄張りである。城造りのテクニックについては、２章の江戸城のところでふれたが、姫路城ほど複雑な縄張りをもった城は日本でも少ない。これが建物の美しさとともに、姫路が名城といわれるゆえんなのだ。

姫路城は、城の玄関である大手門を南に置いて、天守閣群を北東に構えた。江戸時代の軍学者は、大手を南か東に置いて北西隅に天守を続けよ、などと兵学書に書いている。これは最終拠点である天守を、大手からいちばん遠くに置くという理屈だが、戦国時代から江戸初期の実戦的な城ではあまり守られていない。その理由は、城造りが地形に左右されることが多いからだ。輝政も百戦を経た武将だから、そんな形式的なことにはこだわらないで、後世には方位学上は鬼門《きもん》といわれた北東隅（艮《うしとら》の方角）に天守を置いた。これは姫山のいちばん高い所がその方角にあったからで、この地形では、ここに天守をもってくるのが当然だった。そして、天守の東側に搦手《からめて》（裏門）を構えた。ここは急峻《きゅうしゅん》な崖《がけ》になっているから、城門を造っても城を守る障害にはならない。

現在、大手門の位置には桜門《さくらもん》という新しい門が造られている。ここから天守までは、直線にすれば四〇〇メートルたらずなのだが、実際の道はその何倍かの距離になる。

意識して道に屈折をつけたからだ。とくに菱《ひし》の門を入ってから天守に達するまでは、いの門、ろの門、はの門、にの門、ほの門とつづら折りの道になり、城門、石垣を構えて敵に内曲輪《うちくるわ》に侵入されても、これを待ち伏せ反撃し、なかなか天守には近づけない設計になっている。とくに菱の門を入ってすぐ右手にある三《さん》国堀《ごくぼり》というのが曲者《くせもの》で、菱の門を入って直進すれば、いの門、左に進めば西の丸、右に進めば上山里郭《かみやまざとくるわ》と、天守への道は大きく迂回《うかい》し、また城内の地理がわからなければ、どちらに進めばいいか見当もつかない、という巧みな設計だ。その意味を考えながら姫路城の菱の門から天守閣の入口まで歩いてみると、侵入者を射撃するための狭間《はざま》（塀や櫓にある鉄砲射撃用の穴）、石落としなどがあり、道には迷路的構成があって、この城がひじょうに実戦上の配慮のされている城であることがよくわかる。

熊本城や名古屋城に比べれば、姫路は本丸から二の丸にかけての地形に変化が多い。本丸の最高部は四六メートルの高さだ。輝政は築城に当たって、この変化を巧みに利用している。必要以上に楽しんでいるようなところがないでもないが、この実戦的な防備のプランは、世界中のどの城よりもデリケートで、しかもすぐれている。だから姫路城の何百分の一かのミニチュアを箱庭的に造れば、これは楽しいものができ上がるだろう。

もっとも、この姫路が中国地方を抑える要地だと秀吉に進言したのは、秀吉の軍師だった黒田孝高《よしたか》、のちの如水《じょすい》である。秀吉はその言をいれて、ここを中国経営の基地にした。

家康も姫路の重要性を認めて、池田輝政をここの城主にしたのだ。慶長《けいちょう》六年

（一六〇一）にはじまった工事は八年間かかって慶長十四年に終わっている。このとき、まだ大坂城に豊臣氏が健在だったから、西の基地としての姫路はきわめて重要だったのである。

●天草四郎は抜け穴から脱出した⁉

姫路城とともに名城の誉《ほま》れの高い熊本城は、慶長十二年（一六〇七）、加藤清《かとうきよ》正《まさ》が造った。

今も、熊本市の中心に近く城地がよく残っている（編集部注・二〇一六年の地震で被災）。歴戦の武将清正が、城攻めの実戦の経験をもとにして、自ら縄張りした城だから、その構造は特色がある。

この熊本城には井戸が百二十もあったが、そのなかのいくつかは空《から》井戸だ。この井戸のなかでも清爽園《せいそうえん》という所の古井戸が抜け穴という評判が高かった。井戸の口は一・五メートル平方の四角で、深さ約五メートルのところに横穴がある。

近年、いい伝えがあまり評判高いので、この真相を確かめるため、熊本市社会教育課が調査に乗り出した。

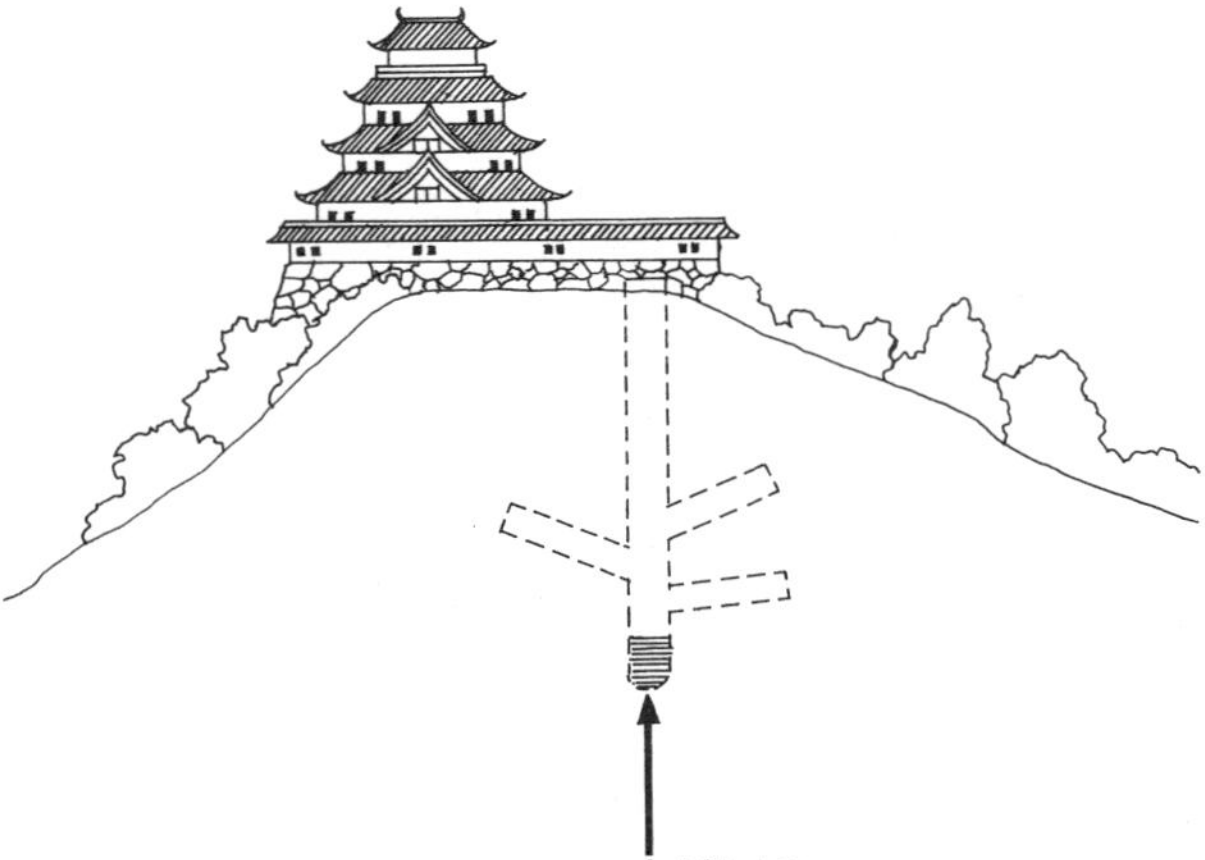

丘陵地の城は水を確保するため横穴を掘った（断面図）

この井戸の横穴は、二の丸の方向に約五〇メートルと、清爽園の池の方向に約二〇メートルの二つがあることがわかった。しかし、いずれも行き止まりでどこにも出ることはできない。

いろいろと研究してみたら、地下水を得るための横井戸だろう、と結論が出た。前ページの図のように丘陵部の城では水を確保するために、さらに横穴を掘る技術が日本にはあったのだ。

もしや抜け穴の存在が証明されるのでは、と期待と興味をもっていた人たちも、地下水用の井戸という結論にガックリきた。また熊本市が本丸の抜け穴調査をし、三つの穴を発見したが、太平洋戦争当時の地下壕であった。

そういえば、明治十年（一八七七）の西南《せいなん》戦争のとき、熊本城を守る政府軍が西郷隆盛《さいごうたかもり》の薩摩《さつま》軍に包囲され、外部との連絡用に、伝説を思い出して古井戸の抜け穴を探したが、結局は見つからなかったという事実もある。

しかし熊本城にはいくつかの抜け穴らしきものがあるのも事実だが、熊本城の井戸の抜け穴は、清正が造ってから三百余年の間に崩れ去ってしまったのだろうか。

日本の城の抜け穴の伝説はあとをたたない。比較的最近話題になったものを少しひろってみよう。

茨城県石岡市に府中《ふちゆう》城という古城がある。正平《しようへい》元年（一三四六）、大掾詮国《たいじようよりくに》という人の築城だが、城内五〇〇平方メートルの敷地で三十六カ所の陥没《かんぼつ》穴が見つかった。この穴を調べると、地盤のよい洪積《こうせき》台地のローム層を鍬《くわ》などで素掘りしてくりぬいたものだ。はたして抜け穴か、それとも他の目的で掘られたものか、地方史家の間で論議の的になった。あまり長い距離の穴ではないので、この程度なら抜け穴の存在も可能であるとか、かえって距離が短くて、抜け穴としては役に立たないのではないか、とかで結論はでていない。

島原《しまばら》の乱で有名な長崎県南島原の原《はら》城には、本丸から海岸に抜ける穴があった。原城の場合は、本丸から垂直に二、三〇メートル掘って、さらに横穴を海岸に向かって二、三〇メートル掘れば海岸に出られるから、存在の可能性はある。海岸の岩の間に小舟を隠しておき、夜にまぎれて逃れるという構想なら、利用価値は十分にある。抜け穴の一部らしいものも残っているので信憑《しんぴよう》性も高い。

島原の乱の原城落城のときに戦死した天草四郎は、じつは替《か》え玉《だま》で、彼はこの抜け穴から小舟で海に逃れ、さらにバテレンに助けられて外国に落ちのびた、などということになれば、抜け穴としての効果は十分である。

●江戸城には三本の抜け穴があった！

江戸時代の終わりころ、神田《かんだ》に住んでいた物知りの老人が、江戸城についての伝説を数々知っていた。その老人の話を集めたという本が、明治になって『江戸雑話』とか『古老雑話』とかの題名で出されたが、その中の話だ。

江戸城には三つの抜け穴があった。

その一つは、本丸の天守台に近い井戸から神田の湯島《ゆしま》の社《やしろ》の下に抜ける。

その二つは、西の丸吹上《ふきあげ》の北西部の稲荷《いなり》の社の下から牛込穴八幡《うしごめあなはちまん》の社の下に抜ける。

その三つは、西の丸吹上の西南部の井戸から赤坂溜池《あかさかためいけ》の社（今の日枝《ひえ》神社）の下に抜ける。

というものだ。

この三つの抜け穴の話は、江戸城の伝説としても有名なのだが、なかでも牛込穴八幡の抜け穴は、土地の老人の話題にのぼる。

穴八幡の裏手の井戸は、昔は江戸城へ通じていたので、穴八幡という名の起こ

江戸城の抜け穴

「あった」といわれる３本の抜け穴は、江戸城から
放射線状にのびていたという

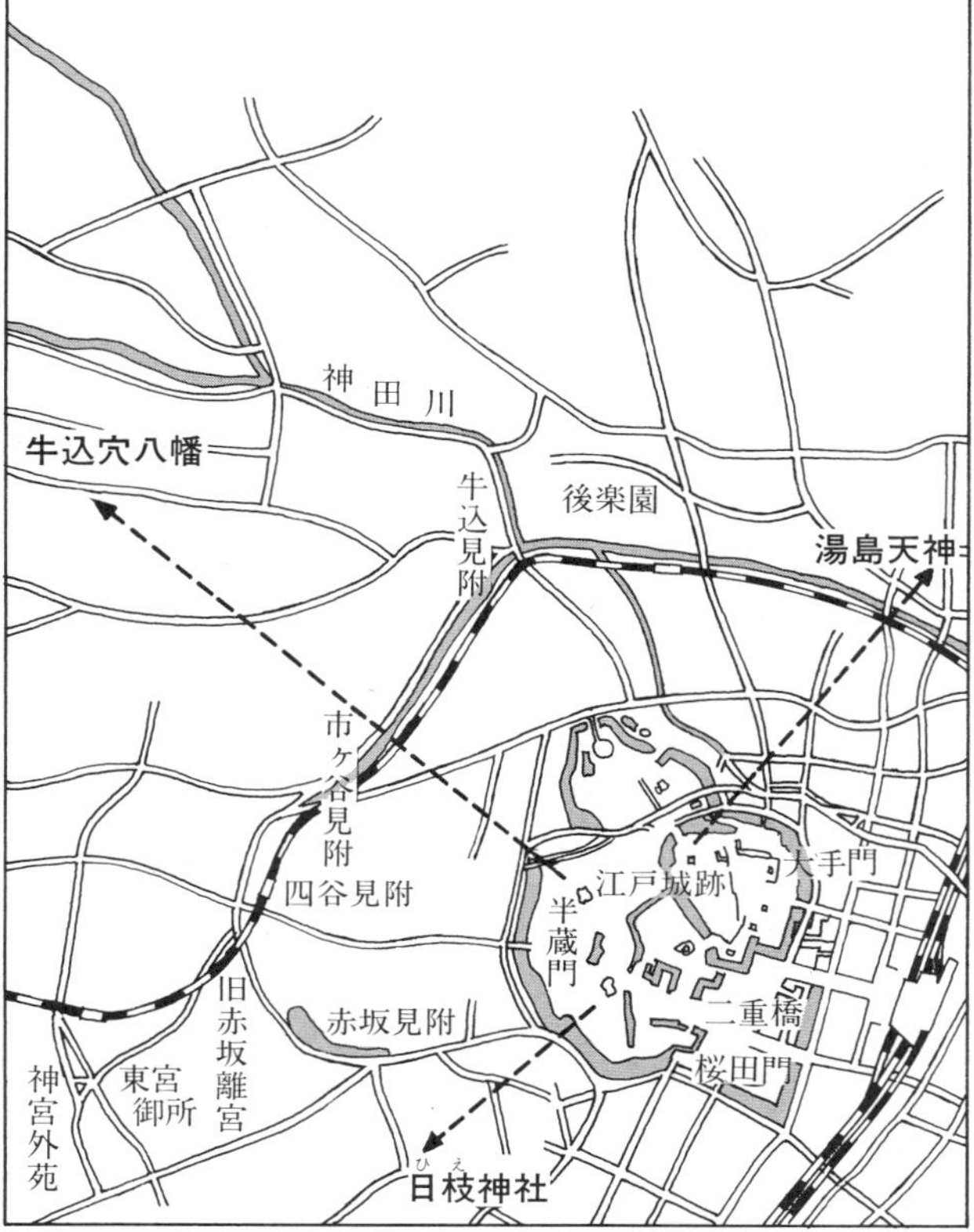

江戸城には３本の抜け穴があった、といわれている

りもここからきているという一説もある。城になにかあると、牛込の火消しはこの社を守ったそうだ。

この伝説にはもう一つうがった話がついている。穴八幡の近くの榎町《えのきちょう》、現在、大手の印刷工場があるあたりに、江戸時代の慶安《けいあん》年間に由井正雪《ゆいしょうせつ》の屋敷があった。この屋敷の大榎の根元の空洞から、トンネルが二つの方向に掘られていた。一つは、穴八幡の社の下に通じ、いま一つは、正雪の屋敷から江戸城本丸に向けて掘り進められた攻撃用の穴だ。徳川幕府転覆《てんぷく》を謀《はか》った正雪にまつわる伝説としては、講談的なおもしろさである。

湯島の社にしろ、溜池の社にしろ、徳川氏の江戸築城のころから外郭出城《がいかくでじろ》のような役割がある。ここに抜け穴が通じるのはいちおうはもっとものようだ。江戸城とその周辺の地図を見ると、三つの抜け穴のルートはその位置関係において、一見して合理性もある。本丸井戸から湯島が直線距離で約一六五〇メートル。西の丸吹上から穴八幡へは約三五〇〇メートル。西の丸吹上から赤坂溜池は約一二五〇メートルである。

江戸っ子の口の端《は》にいい伝えられたこの抜け穴は、実際にあったのであろうか?

牛込穴八幡《うしごめあなはちまん》にも、江戸城からの抜け穴が続いていた（？）

この三つのルートに共通するのは、いずれも相当な距離があること。しかも大きい水濠《みずぼり》の下を掘り抜けていることである。このような長距離のトンネル工事が、江戸時代のはじめころに可能だったのであろうか。

当時日本では、佐渡《さど》や甲斐《かい》、石見《いわみ》などに鉱山があって、金掘り人夫などという専門的な穴掘りがいた。佐渡では金山の坑道の延長は相当な距離になっていたので、いちおう坑道を掘り抜くことは、技術的に不可能ではない。

抜け穴の存在の有無《うむ》の結論は、もう少し先に出すとして、江戸城には間道がいくつかあったのは事実だ。

もっとも重要視されたのは、西の丸から半蔵門《はんぞうもん》のそばの小道を抜けて、今の麹町《こうじまち》に出るルートである。これには思い当たる人もあろう。半蔵門のすぐそばに服部半蔵《はっとりはんぞう》が屋敷を構えていた。彼は旗本だが「伊賀同心《いがどうしん》」という忍者組織の隊長だ。ひとたび事があれば、部下を引きつれ将軍の警護に当たる。麹町のあたりにはお庭番《にわばん》と称した忍者の組屋敷があった。将軍や重臣の脱出を助けるのも彼らの役目であった。今では、半蔵門のあたりは地形的にもスッキリしてしまったが、江戸時代の終わりころまでは、木立ちが深く森のようであった。

いま一つ、北桔《きき》梗《きょう》門のそばを通って城外に通じる間道があった。このほかにも江戸城内は、間道が縦横に張りめぐらされていた。江戸城の古い図面には、そのあたりがあいまいになっているものもある。

●太平の世では抜け穴は不要だった

豊臣秀吉の造った大坂城では、抜け穴の有無《うむ》の伝説が真っ向から相対立している。ないというほうは、天下人《てんかびと》になった秀吉が造った城にそんなものが必要なはずがないといい、あるというほうは、大坂城の規模にふさわしい、きわめて巧妙な抜け穴が用意されていたという。いずれにしても、この論議は、現在の大坂城の堀も石垣もすべて徳川氏のもので、豊臣氏の大坂城はまったく残っていないところから、真偽は確かめようもない。

ただ、大坂冬・夏の陣のときの断片的な記録によれば、城内に地下を掘った穴などがあった、という。しかし、これは抜け穴の類《たぐい》ではなく、火薬とか食糧のための倉庫のようなものだったのだろう。

だが、大坂の陣のときに活躍した真田幸村《さなだゆきむら》が造ったという抜け穴の話はある。真田幸村については「城攻めの謎」（1章）のところで書いたが、戦国末期の武将のなかでは異色の知将で、大坂の陣がはじまる前、豊臣秀頼《ひでより》の招きで大坂に軍師格で入城した。今でいえば高級参謀のようなものだが、城内にはいないで真田丸という出城を築いてここを守った。防備の弱い所でいちばん激戦が予想されたところだ。また実際に、この方面を徳川方も松平忠直《ただなお》、井伊直孝《いいなおたか》、前田利常《まえだとしつね》、藤堂高虎《とうどうたかとら》などの有力な武将に攻めさせている。

真田丸は大坂城の南方、上本町《うえほんまち》付近にあり、このあたりの地形の起伏したところにいくつかの抜け穴があった。

『大阪府名蹟名勝記念物《めいせきめいしょう》』には、

「全長五十余間、明治十八年の洪水で中間陥没し今は全通せず、入口も扉で堅く閉ざされている」

とあるが、第二次大戦後、崩壊の危険があるため地元の人たちの手で埋められた。現在残っているのは、宰相山《さいしょうやま》公園にある真田山三光神社《さなだやまさんこう》境内《けいだい》のものだけになった。

この真田の抜け穴と称する穴は、奥行き一〇メートルほどで、入口は御影石《みかげいし》の切り石で組んだもので保存され、名将真田幸村の知謀の名残《なご》りと人々に伝えられている。

しかし史料によると、この抜け穴のある丘は、幸村が出城を築いた真田丸からは四〇〇メートルほど離れている。名も宰相山《さいしょう》といい、じつは冬の陣のとき、徳川方の加賀の宰相前田利常《まえだとしつね》が陣取った小丘である。名前も加賀の宰相から出た。

この穴が造られたのは、冬の陣の戦況がはかばかしくないので、徳川方が大坂城に対してトンネルを掘って城の下まで行き、火薬を仕掛け城を爆破するという作戦に出たときの名残りである。この穴攻めは和睦《わぼく》のためのデモンストレーションでもあった。実際の効果はともかく、徳川方の攻城用トンネルが真田幸村の作戦用の抜け穴と置き変えられるところに、日本人の判官《ほうがん》びいきが見られる。

大坂の陣で秀吉の造った大坂城は壊《こわ》されてしまうのだが、そのあとに徳川氏がさらに大きい大坂城を造る。これは権力者が交代して自分の力を諸大名や庶民に示すための大築城工事だった。仕事に参加した大名の財力を消耗《しょうもう》させる政治的な意図《いと》もある。

だが、徳川氏の本城は江戸なので、徳川氏時代の大坂城は抜け穴の話など伝わっていない。もうこの時代では、城の機能が戦闘的なものより戦略的、政治的に変化していくので、抜け穴などの細かい配慮は不要になってきたのである。

●一キロの抜け穴を掘ったという金沢城

金沢は加賀百万石の城下町である。

城の面積では百万石の大守の居城としてはやや小さいが、城造りにはさすがに数々の特色が見られる。

金沢にも抜け穴のいい伝えがあり、城の本丸御殿から城下の野町というところにある（昔は寺町といった）妙立寺《みようりゆうじ》まで地下道が通じていた。この正久山妙立寺は宗派は日蓮宗だが、仏具に前田家の家紋がついたものもある。寛永《かんえい》二十年（一六四三）の創立というから寺歴は古い。前田家三代の当主利常のころだ。城主がひそかに人に会うためにと、有事の際に城からこの寺に逃れる目的で造られたという話も伝わって、そのためいろいろな工夫がこらされている。

外見はなんのへんてつもない寺だが、外観は四層、内部は七層になっていて最上層は見張りの塔だ。まるで砦《とりで》で、二十九の階段と二十三の部屋があり、城主の間からはいたる所に逃げ道がついている。屋根を伝う道、縁の下に逃れる道、押し入れの中の階段、警備の侍を入れる武者隠し《むしやがくし》、床の間のドンデン返し、抜け

加賀《かが》百万石の太守《たいしゅ》の居城だった金沢城・菱櫓《ひしやぐら》

穴、壁や襖《ふすま》の仕掛け、落とし穴、迷路、いたるところにいろいろなからくりの連続だ。吊《つ》り天井という仕掛けもあったそうで、今でもいろいろな構造が残っている。

この寺は金沢の名所になっていて、別名忍者寺《にんじゃでら》という。観光客に人気があり、若いお嬢さんたちのグループもよく見かける。アルバイトの学生が、各部屋を説明しながら案内してくれる。

何代目かの殿様が、ある日、町で町人の娘に一目惚《ぼ》れし、奥方《おくがた》の目をしのんでこの寺でその娘とランデブーを楽しんだ、というロマンもあって、そんな話を聞きながら秘密めいた部屋を回っていると、結構楽しい。しかし専門家たちの言によると、この寺は寛永二十年に建てられたのち火災にあったので、今の建物は文《ぶん》久《きゅう》三年（一八六三）ころのものだ、という。

しかし現実には、金沢城とこの妙立寺は一キロメートル以上離れ、しかも、途中に犀川《さいがわ》が流れている。

川の下を掘りぬいた長い抜け穴が、はたして現実に存在したのだろうか。

昔の身分のある侍の屋敷では、どこでも多少のからくりは造っていた。侍の屋敷というのは、小さい城だから当然のことだ。木造建築の部分では、大工のなかに器用なのがいてさまざまな工夫をした。床の間の掛け軸の裏の抜け穴とか、納戸《なんど》の奥のどんでん返しとかは、当時の侍が身を守る心構えの一つでもあった。日本人は、このようなからくりにかけては天才的だ。発想が斬新《ざんしん》なものが多い。

もっとも、ヨーロッパの城や宮殿にもこんな設備が実際に残っている。私が見たのはイギリスのエジンバラの城の間道、スキップトンの城の隠し通路、フランスのブロワの城の秘密の扉、メナールの城の地下道などだが、どの城にも隠し扉、秘密の通路、盗み見、盗み聞きの装置はある。

抜け穴も石造の建造物だから、おおかたは造っているが、あまり長いものにはお目にかからない。抜け穴といえば、アビニョンの法王庁のものはジイドの小説の題にさえなっている。バチカン市国の法王庁とローマのサンタンジェロ城を結ぶ間道は有名で、一五二七年には、クレメンス七世法王によって実際に使われた歴史的な記録さえある。

金沢の忍者寺のような例は、伊賀上野《うえの》市にも、復原されたものだが、忍者屋敷があって、いろいろなからくりを見せている。

●ついに発見されなかった姫路城の抜け穴

さて、冒頭の問題に立ちかえることにしよう。

姫路城は、「ぬの門」の西方にある「るの門」が石垣を利用した埋門《うずみもん》、一種の隠し門で、塀と石垣の下をくぐり抜けられるようになっている。これは城内ではあるが、間道といえるだろう。

城内から城外（といっても正確には内曲輪《うちくるわ》から中曲輪なのだが）に抜ける間道はいくつかあった。今は、中曲輪の一地形が変わったために、実際に歩いてみることは不可能なところもあるが、一つは榎下門《えのきしたもん》から西の丸と本丸の間を抜けて内濠に出るもので、濠の岸には小舟が用意されていた。

いま一つは天守台北側の腰部《ようぶ》を通り、「と一の門」を下ると、正規の道は屈折して「と四の門」に出るが、これを「と一の門」の下から左に折れると原生林があり、ここを下ると内濠に出る。ここにも小舟が置いてあった。この間道は今でも残っているが、もちろん、一般のコースからははずされている。

これらの間道は、敵の兵力がそれほど大軍でないときには使うことができる

姫路城《ひめじ》には今でも抜け穴伝説が残っている

が、蟻《あり》のはい出るすきもないような包囲戦では役に立たない。

間道があったことは事実だが、さて姫路城には、はじめに書いた井戸の三つの抜け穴があったのだろうか。

明治以後、これらの井戸は市の関係者や郷土史家によって非公式に調査されたが、井戸の中に抜け穴らしい横穴はついに発見されなかった。

ということは、姫路城の抜け穴伝説は、あくまでも伝説にすぎなかったのだろうか。

抜け穴というものは地上に隠された間道とは違って、地下を掘り抜いたものである。しかも、一度掘ればいいというものではなくて、事があればいつでも使用できる状態に保っておかなければならない。長距離にわたるトンネルを、地震、土圧、水圧、その他の事故から保っておくのは、技術的にいっても大変なことだ。

そのころ、といっても戦国時代から江戸時代はじめの日本だが、坑道を保つ技術は材木を組み、水が湧《わ》いても人力で排水するのみだ。一時トンネルを掘り抜くことに成功したとしても、この保持が難しい。

さらに江戸城や金沢城のように一キロメートル以上の長さで、大きな水濠や、川などの下を掘り抜く場合、江戸時代の技術ではひじょうに困難だったというのが、今の土木技術の専門家の意見である。

ただし、数十メートル程度のトンネルならば、地盤や地形の状態がよければ掘ることもできるし、地震でもない限り、保存していくことも可能である。

昔の築城者は、必要とあれば抜け穴を造ることを考えただろうし、実現の可能性さえあれば実行もしただろう。

しかし、私は現実には、日本の城で抜け穴を見たことはない。抜け穴らしいという入口や部分は何度か見たが、それが抜け穴だという確認はできなかった。

結論的にいえることは、短い距離の抜け穴は存在しただろうし、長い距離のものは、城主の机上のプランか、伝説にすぎないのではないだろうか。

城の抜け穴が存在したとすれば、城中でも首脳の小人数以外は知らない秘密事項であり、それがかえって庶民に抜け穴の構想の自由奔放な発想を展開させることになっている。

抜け穴伝説の意外性のなかには、人間のアイデアのすばらしさと、技術への夢のようなものが秘められている。城の抜け穴伝説が、虚実を越えて現代人の好奇心を強く刺激するのも、この奇想天外さにあるのだ。

6

なぜ大坂城の土塁《どるい》は石垣に変わったのか

——驚異の技術、大坂城巨石運搬の謎

〈この章に登場する主な史跡〉

大坂城

清洲城

小牧山城

名古屋城

二条城

江戸城

●なぜ秀吉は大阪を選んだのか

大阪の人たちは、大坂城を日本一の城だという。

たとえ今の天守閣は鉄筋コンクリートでも、また今の城跡が大坂の陣ののち壊《こわ》されて、徳川氏によって造られた城だ、と知っていても、大坂城は太閤《たいこう》さんの城なのである。庶民から身を立てて〝天下の権〟を握った一世の英雄、豊臣秀吉《とよとみひでよし》が造りあげた夢の城なのである。

金城鉄壁とか海内無双《かいだいむそう》とかという言葉は大坂城のためにあるようなものだが、日本の歴史のなかに大きな金字塔を残した城——どうしてこのような巨大な城が大阪に現われたのだろうか。

大坂城の築城工事は天正《てんしょう》十一年（一五八三）九月にはじまった。前の年の天正十年六月、京都の本能寺で織田信長《おだのぶなが》が明智光秀《あけちみつひで》のために討《う》たれた。

当時、信長はまだ日本を統一してはいないが、その可能性をもった唯一の戦国大名であった。信長の部将明智光秀のクーデターは日本歴史の謎だが、史家はいろいろに解釈している。このころは戦国の末期で情勢は波乱に富み興味深い時代だ。武将たちの思考と行動と運が、これほど複雑に交錯した時代は他に例をみない。

信長の部将の一人だった羽柴秀吉が山崎《やまざき》の合戦で明智光秀を討ち、賤《しず》ヶ岳《たけ》の戦いを経て信長の家来のなかで第一の実力者になる。大坂築城はこのときはじめられた。

秀吉は、自分の手で日本統一の完成ができそうだと判断したとき、大阪に城を築くことを決めた。秀吉はすでに長浜《ながはま》にも山崎にも、姫路にも城をもっている。なぜ大阪に新しく城を築く必要があったのだろうか。

●信長の遺志を継いだ秀吉の大坂城

この答えを出す前に、秀吉の主君である織田信長について説明をしなければならない。

信長は尾張《おわり》の那古野《なごや》に生まれた。今の名古屋である。織田氏は尾張守護斯波《しば》氏の守護代だから家系は悪くない。信長はきわめて特異な才能と好運に恵まれて勢力を伸ばし、それに応じて城も変えていった。那古野から清洲《きよす》、小牧《こまき》山、岐阜、

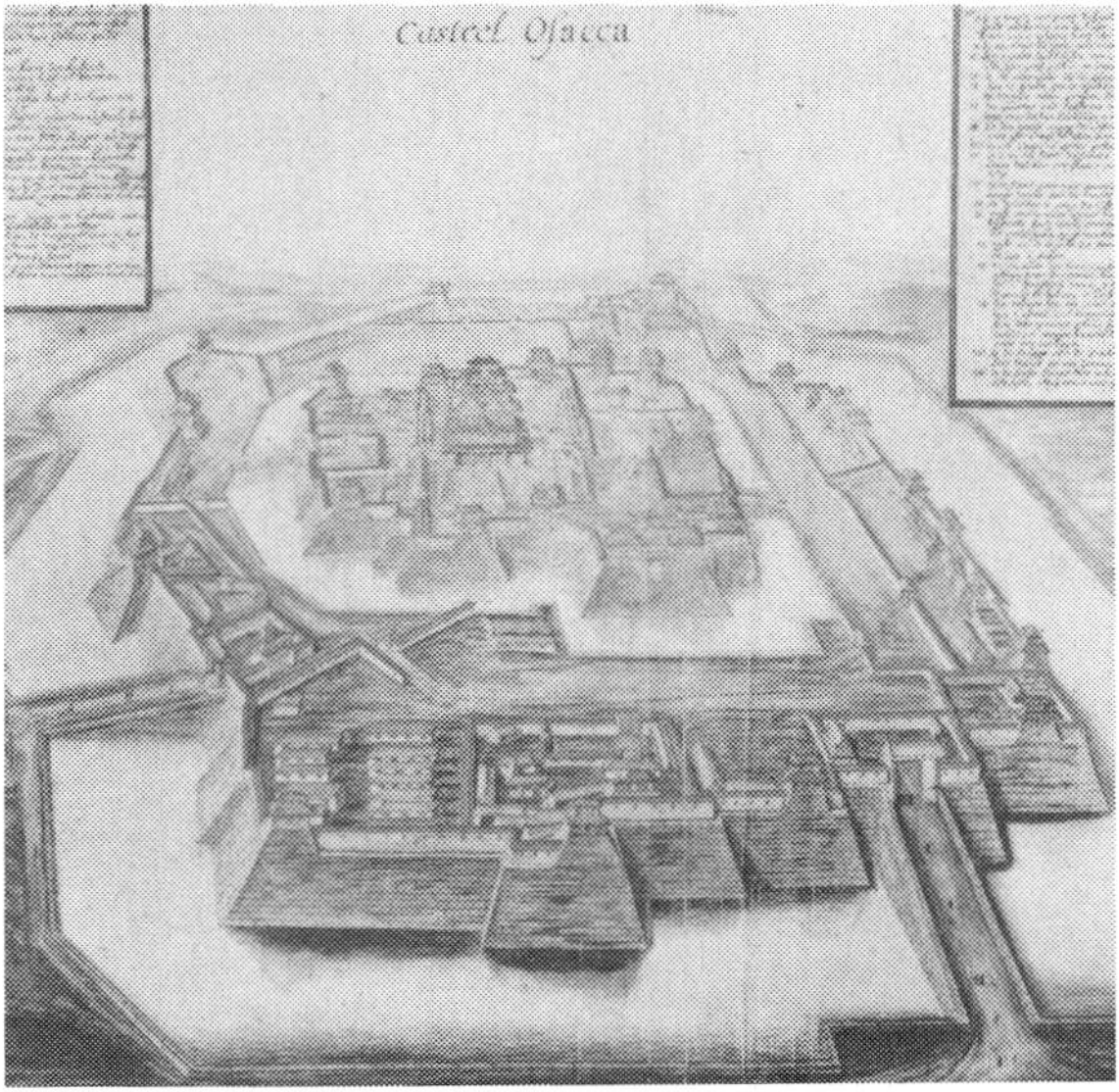

天下一と誉《ほま》れの高かった秀吉の大坂城（モンタヌスの資料より）

安土《あづち》。城は城主の力に応じて成長するものだ。彼の城は尾張から徐々に日本の中心である京都に近づいた。信長は安土築城に大きなエネルギーを注いだが、この城に満足しているわけではなかった。それは、安土があまりにも山上にあり、城下町も狭小で戦国的な城でありすぎ、平和な時代の行政都市としては不適当であったからだ。

大坂城の前身は石山御坊《ごぼう》といい、本願寺《ほんがんじ》八世蓮如上人《れんにょしょうにん》が城構えの寺舎を造ったのがはじまりだ。明応《めいおう》五年（一四九六）のことである。応仁の乱がはじまってすでに三十年、諸将も戦乱に巻き込まれぬものはなかった。本願寺も城構えの拠点が必要だった。

石山御坊が造られて三十六年すぎた天文《てんぶん》元年（一五三二）、一向一揆《いっこういっき》の本拠である京都の山科《やましな》本願寺が兵火で焼かれて、本願寺の本山は石山に移り、その城構えはますます強化された。堀を掘り、土塁をめぐらし、柵を結び、城戸《きど》を設けた四方が八町もある城郭になった。

永禄《えいろく》十一年（一五六八）、将軍足利義昭《あしかがよしあき》を奉じて京都に入った信長は、石山本願寺に矢銭《やせん》（幕府・大名が課した軍用金）五十貫を提供するように命じた。今の金にすれば莫大な額である。このとき、本願寺はこの命に応じたが、二年後には、両者の間がこじれ、十年間にわたる石山合戦となる。

信長がこんなに長く石山を攻めたのは、この城を手に入れるためである。

信長の秘書だった太田《おおた》和泉守《いずみのかみ》牛一《ぎゅういち》の『信長公記《のぶながこうき》』では、大阪のことについて、

「大坂はすべて日本一の場所である。奈良、京都に近く、港にも恵まれ水運あり、川が数多く舟が利用でき、山もほどよい位置にあって広い山麓《さんろく》の平野が展開し、西に海が開け、外国の舟も入港し商売も栄えている」

といった意味のことを書いている。

十年にわたる石山戦争は天正八年（一五八〇）、朝廷の仲介で和睦《わぼく》となり、本願寺は紀州に移り、石山寺と大阪は信長のものとなった。それから二年後、本能寺の変である。一世の英雄の大志も、すべて水泡に帰してしまった。

天正十一年九月にはじまった秀吉の大坂城造りは、諸大名の助力で工事は急速に進み、十一月にはもう天守台石垣ができ上がった。

そのあとの工事も急ピッチだった。多いときには、一日三万人からの人が働いた。そして、工事をはじめてから二年目の天正十三年にはほぼ完成している。一日平均三万人として、三年、千日とすれば延べの人員は三千万人だ。

ついでだから、人件費の計算もしてみよう。仮に一日五千円の給料とすれば、三千万人では一千五百億円ということになる。これに材料費や諸雑費を加えると、まさに天文学的数字だ。

大坂城を世界一の巨城といったのは、単に面積のみでなくて、いろいろな条件を入れてのことだが、大坂城がこの名声を奪われるのは、五十年ほどのち、徳川氏の江戸城が完成したときである。

ともかく、その当時、大坂城は日本をその権力下におく、海内無双の名城として出現した。

城を造ったのは豊臣秀吉であった。しかし、秀吉は大坂築城に関して亡き信長のアイデアを踏襲したのだ。広大な城下町、鉄壁の塁壕《るいごう》、林立する櫓《やぐら》、燦然《さんぜん》と輝く天守閣。そこには大阪に巨城を築くべくして成しえなかった信長の見果てぬ夢があった。

●鉄砲の伝来が土塁を石垣に変えた

日本の城は古代から中世にかけて土塁の城が多い。

築城に石を数多く使いはじめたのは、戦国の半ばころからで、それまでは礎石《そせき》とか城門、櫓台などに使われたくらいで、主に堀を掘った土で築いた土塁であった。

石を大量に運ぶということになれば、労働力が必要である。そのうえ、石の産地が近くか手ごろの距離になければならない。よほどの財力もあり権力を備えた大名の大城でなければ、石を豊富に使うということはできなかった。

日本の城の用語の中に、〝かきあげの城〟というのがある。掻揚城とも書く。城地と決めたところに堀を掘って、その土を掻き上げて土塁を築くので堀と土塁の城だが、材料は自給自足だ。労働力さえあればいい。その土塁の上に木柵《もくさく》を組み、城戸《きど》を構えれば一応の城である。規模の大小も自由で、城主と城兵の人員に応じて城を広げることもできる。古代からの日本の城の一つの典型的なスタイルである。

ヨーロッパでも同じようなことをしている。ヨーロッパの文化圏ではオリエントやエジプトの影響を受けて、町全体に強固な石やレンガの城壁をめぐらした城郭都市を造った。また、オリエントからギリシアに入って集大成された方式、つまり山の一峰か平野の中の丘を城として、その山麓か周囲に町を造り、敵に攻められれば城に籠《こも》って戦う、というアクロポリス型城郭が発達した。

しかし、そのような城が労働力やその他の事情で実現できなかったヨーロッパの北部では、ノルマン風（ノルマンというのは〝北の人〟という意味だが）のモットとバイユの城が発達した。

モットというのは、堀を掘って、その土で円形の小丘を築く、この上にははじめは木造の塔を造った。バイユはモットに接続して堀を掘り、土塁を築いて囲いをする。形はだいたい、楕円形《だえん》だ。その中に住居用の小屋や倉庫を造る。出入り口はバイユのほうに二つだけ設け、堀に橋を架ける。モットの上の塔は見張り用と最終拠点だが、時代がたつと石造の塔に変わる。バイユの土塁も石造に変わり、ところどころに塔を付け、城門も石造りにし、住まいも石造りになるのがヨーロッパの城の一つの発達の型である。

日本では掻き上げの城の中に、木製の井楼《せいろう》を組んだ物見の塔を造った。これが天守閣に発達するのだが、その話は「天守の謎」（4章）のところで書いた。

さて、日本で戦国の半ばころから城の防壁に石垣がさかんに使われはじめたのはなぜだろうか。この答えを出す前に、戦国の画期的な出来事を思い浮かべていただこう。

日本の城造りに似たアクロポリス型城郭（ギリシア）

天文《てんぶん》十二年（一五四三）、種子島《たねがしま》にポルトガル人によって鉄砲が伝えられた。日本国中の武将たちはこの新兵器に注目した。この火器は野戦でも攻城戦でも強い威力を示した。武将たちは鉄砲という新兵器の購入に狂奔《きょうほん》した。城の造り方もこの攻撃に備えて変えなければならない。城外から射程距離にある櫓《やぐら》、塀《へい》などはそれまでの板張りから塗籠《ぬりごめ》（土などを厚く塗り込んだ壁）にかえられ、なかには鉄板や金属で覆《おお》うものまで現われた。建物の窓も小さくなる。濠《ほり》も鉄砲の射程を考えて広くする。

それまでの土塁は、城の大きさに応じて高さ、厚さがいろいろだったが、厚みのうすい土塁では鉄砲の玉が貫通するおそれも生じた。

江戸時代の軍学者は土塁の標準を高さ五・四メートル、馬踏《まぶみ》（上部の幅）三・六メートル、土居敷《どいしき》一四・四メートル、勾配《こうばい》は四十五度としている。

実際にこれだけの幅があって、土がよく固められていれば、当時の鉄砲の力ではよほどの近距離でも貫通することはないが、弾丸が土塁の中に打ち込まれるという心理的な不安感は見逃せない。石だと弾丸をはじき返してしまう。

ここまで書けばもうおわかりだろう。城に急速に石垣が使われはじめた答えは、一つには鉄砲の伝来で、これが強力な武器として戦いに使われはじめたのでこの防備のためだ。しかし、もう一つの理由がある。それは織田信長、豊臣秀吉のような大土木狂の出現である。信長も秀吉も大城郭を造るのが好きな人だった。土塁よりは石垣のほうが新しい工夫で格好がいい。

とくに秀吉は、城の構築数では武将中でも最高に多い。大坂城では海内無双とまでいわれるほどの大土木工事を起こした。当然のことだが、秀吉はこの城にいろいろと新しい工夫を盛り込もうとした。信長が安土築城でバテレンからの新知識を城づくりに取り入れたように……。

●一四〇トンの石をどう運んできたのか

秀吉の大坂城の新工夫のなかでもっとも大規模なのが石垣造りだ。その石垣の巨石をどのようにして運んだか、ということは城に興味をもつ人だけでなく、広く一般の人の関心の的であろう。

石が重いものだ、ということは周知の事実だが、実際にどのくらいの目方《めかた》があるかというと、まず専門家以外知っている人は少ない。石の目方は、軽石とか大谷石《おおやいし》のような特殊なものを別にすれば、御影石《みかげ》程度のもので一尺立方（三三センチ角）で二十貫（七五キロ）から二十四貫（九〇キロ）くらいある。ちょっと大人でも簡単にはもてない重さだ。

現在の大坂城は、豊臣秀吉のものではなく、大坂の陣のあと徳川氏が築いたものだが、石の運搬の方法に関してはほぼ同じである。今、大坂城にある巨石のなかでもいちばん大きいたこ石などは縦五・五メートル、横一一メートル、奥行〇・九メートルで露出面積は五九・四三平方メートル、その重さの推定は、なんと一三〇トンないし一四〇トンである。これに次ぐ肥後石《ひごいし》の重さが一二〇トン。これより少し軽いくらいの石も数多い。

しかし数年前の調査の結果、これらの石は、実は板状の厚さで、奥行きは意外にも薄いことが判明した。巨石ではあるが、見せかけ的なところがあった。

しかし実際に、築城用の巨石には五十人持《もち》、百人持などという名がある。これは引き綱をつけて五十人で引けるもの、百人で引けるものという漠然とした呼称だ。

このような大石を実際に運ぶ方法は、こうだ。

山から石を切り出すときは、石に綱を巻き、下に丸太を敷き、前から小人数で綱を引く。斜面だから綱は前だけではなくて、後ろのほうにも引いて、やたらに

なんと140トンもあるという大坂城のたこ石

「アルキメデスの原理」で石運びは行なわれた

すべったりころがったりしないようにする。人数はむしろ後ろのほうが余分にかかった。綱も一本や二本ではなくて、何重にもかけて石の急速なすべりを十分に警戒した。

山上や丘からの切り出しが多いときには、まず運搬用の道路をつけた。斜面が急だと丸太のコロは必要ないが、前綱を引く者は相当な危険にさらされる。

これは山から石を下ろすときの話ではないが、信長の安土築城のとき、津田坊《つだのぼう》というところにあった蛇石《へびいし》という大石を安土山に引き揚げた。羽柴秀吉、滝川一益《かずます》、丹波長秀《にわながひで》などの配下一万人が石運びにかかり、戦争のようなさわぎだった。

このとき、一度石がすべり落ちて、一時に百五十人が下敷きになって死んでしまった。巨石運びには相当な危険がともなう。

平地に下りてからは、引き綱を何本もつけ、石の下に丸太を敷いて、えんえんと幾十人幾百人の人数が、綱に取りかかってこれを引いた。

●アルキメデスの原理で運搬された巨石

慶長《けいちょう》十五年（一六一〇）の名古屋城の築城のときの話だ。加藤清正《きよまさ》が島から海上を運んで、宮（現在の名古屋市熱田区）の港に上げた大石を名古屋まで運んだとき、清正は小姓《こしょう》たちを美しく装わせ、自分も軍装して、石の上に乗って、片手に鎌槍《やり》を、片手に軍配を持って采配《さいはい》を振った。その様子がみごとだったので、見物の町人まで綱に取りかかって石を引いた。このとき、人出を目当てに屋台の店を出した商人の酒、肴《さかな》、餅菓子などを、清正が手伝った庶民にふるまったので、お祭りのようなさわぎだった。『尾張名所図絵』という昔の絵本に、この清正石曳《ひ》きの図、という絵が載っている。

陸上の巨石の運搬には、ろくろという捲車《けんしゃ》も用いられた。これは今でも漁村などで船を陸に引き揚げるのに使っているから、ご存じの人もあろう。和製の平面ウインチである。

軸に取っ手の木が四本か六本ほどついていて、その人数でこれを一方に押し回して石にかけた綱を軸に巻きつけ石を動かすのだが、これは綱の長さだけ巻き上げると、捲車をさらに移動しなければならない。

直接石を引くより力は効率的だが、あまり巨石には使用できない。もっとも捲車を数個使用するという手もある。

あまり大きくない石を運ぶために、頑丈《がんじょう》な木材を格子《こうし》状に組んだ、そりのような形をした修羅《しゆら》という台車があった。この上に大石をのせ、修羅の下に丸太を敷いて引くのである。丸太に直接石をのせて引くよりは効率がよかった。丸太の下には潤滑油《じゆんかつゆ》がわりに、こんぶ、わかめなどの海草でぬめりのあるものを用いた。

巨石や大石でない石は、車軸の低い地車《じぐるま》とか大八車《だいはちぐるま》風のものを使い、小さい石は人間がもっこに入れて二人で担《かつ》いで運んだ。

大坂城にしろ、江戸城、名古屋城にしろ、巨石は島から運ばれたケースが多い。この場合には、運送に二つの方法がある。通常の荷物のように、船に積み込んで運ぶか、いま一つは、水中に石を綱で吊り下げて運ぶのである。

水中に吊り下げて運ぶのは、「物体の排除した容積の水の量だけ物体の目方が軽くなる」という「アルキメデスの原理」の応用だが、日本人はすでに平安朝の時代から、この原理を体験的に知り、いろいろと利用していた。

ところで、水中に石を吊り下げて運ぶ場合の船だが、これにも三通りある。

○大きな筏《いかだ》風のものを造り、この下に吊る

○普通の船の二隻《せき》の間の海中に石を吊る

日本の城の石垣（大坂城）とエジプトのピラミッド（ギゼ）

○石吊り船という特殊な構造をもつ船を使って海中に石を吊る

などだが、海岸から海中に石を下ろす作業もなかなか大変で、斜面の道を造っている。

海中に石を吊り下げて運ぶ、という方法は、江戸城構築には用いられていない。海が外洋で、とくに波が荒かったせいもある。普通の荷物船で百石船とか二百石船に積んで運んだ。

石を海岸から船に積む作業はさらに大事で、木の桟橋《さんばし》では石の重量でもたないから、わざわざ石の岸壁を造って船を横着けにして、石を平面に移動するように工夫した。このとき、ろくろ、すなわち捲車が使われた。このろくろには神楽桟《かぐらさん》などという呼び名もある。

重量のある石を垂直の方向に上下することは、平面の移動よりもさらに困難なことである。百トンもの目方の石を持ち上げることは、道具を使っても当時では不可能である。この必要があるときは、斜面を造ってここから上げた。エジプトのピラミッドの場合と同じだ。

築城の石運びがどんなに大変な作業だったかは、大坂、名古屋、江戸などの築城に参加した大名がそれぞれの大名家の記録にその労苦のエピソードを残している。

そのせいもあって現在、大坂城、名古屋城、江戸城に残っている石塁は世界にも類をみないほどみごとなものだ。日本人は、巨石の運搬にもすばらしい知恵と技術を発揮している。

●三種類の積み方があった石垣造り

城造りのために莫大な量の石が大阪に集められた。

さて、これをどのように使用するか。

この当時の石の集め方は、今の近代工法とはだいぶ異なる。城地の選定と経始《けいし》（縄張《なわば》り）でおおかたの構造は決まっているが、大きい石材については、どの部分にどのくらいの大きさの石を、と計算して切り出すこともあった。しかし、必ずしも定まった大きさの石が得られるとは限らないから、石がある程度集まってから、その配置を決めた。

石塁（俗には石垣だが）は城の構造物としては堀、土塁とともに有効な防御力をもっている。石塁の高さは普通は二メートルから一〇メートルくらいだが、大坂城本丸東側では約四〇メートルの高さをもっている。この高さは石塁の日本一だ。

ついでに主な城の高い石垣を紹介すると、姫路城の帯郭櫓《おびくるわやぐら》下で約二五メートル、伊賀上野城本丸西側で約二八メートル、熊本城本丸西側で約一七メートル、丸亀城では山麓から本丸まで数段に石垣が築かれて、その累計では約六〇メートル、いずれの石垣もみごとなカーブを描いている。

この石垣の積み方に、また日本独特のすぐれた技術があるのだ。いわば秘法ともいうべき高度なテクニックである。

江戸時代の学者、荻生徂徠《おぎゅうそらい》の『鈐録《けんろく》』という本に石積みの法がある。それによれば、「野面積み《のづらづみ》」「打ち込みハギ」「切り込みハギ」の三種があげられている。

「野面積み」は自然石をそのまま組み合わせて積み上げる、もっとも古くからの方法で、中世や慶長以前の城によく見られた。

「打ち込みハギ」は槌《つち》で石の角を叩き、平らにして組み合わせるもので、今見る石垣には、この手法がもっとも多い。

「切り込みハギ」はノミで石を削り、すきまなく組み合わせるもので、もっとも

上から「野面《のづら》積み」（松阪《まつさか》城）、「布《ぬの》積み」（丸亀《まるがめ》城）、「算木《さんぎ》積み」（江戸城）

手数がかかる。この方法は城門の部分や、表だって大切な所に使われた。

石垣の技術としては、原則的にはこの三つのどれかが使われ、あるいは併用されているが、そのほかにも石垣のでき上がった外形から「乱積《みだれづ》み」「布積《ぬのづ》み」「亀甲積《きっこうづ》み」などという呼び名もある。亀甲積みは沖縄の一部の城に見られる。

石垣の部分に工夫をこらしたものに「桔出《はねだ》し」があり、石垣の最上部の石を突き出させ、敵が上るのを防いだ。北海道の五稜郭《ごりょうかく》、長野の竜岡《たつおか》城、東京湾の品川台場《だいば》、九州の人吉《ひとよし》城などにこの仕掛けがある。いわば人間用のねずみ返しだ。考えてみると、いささかユーモラスな仕掛けだ。

●はじめて切り石を使って城を造ったのは信長

大坂城に限らず、石垣の隅《すみ》、角のところを見ると、特殊な積み方がしてあるのに気づく人もあるだろう。これは「算木《さんぎ》積み」という方法だ。とくに角の部分を崩れないよう頑丈にするために、長い切り石を互い違いに組み込んだものである。また土の圧力や水圧を考えてゴボウのような長い石を奥深く積み上げた「ゴボウ積み」という積み方もあった。

山麓から本丸まで約60メートルある丸亀《まるがめ》城の石垣

しかし、なんといっても大坂城の石垣の技術で特色があるのは「鉛《なまり》ちぎり」という特殊な方法だ。これは切り石と切り石とを鉛でつないだといわれるが、実際には、鉛でつないだ石垣は徳川氏の大坂城では見られない。しかし、目下発掘調査されつつある豊臣氏大坂城の石垣から、いつの日か発見されるかもしれない。

鉛を使ったものではないが、現在の大坂城石塁に鉄を使ってつなぎ補強したものは、ところどころに見かけられ、南外堀の石塁ではよくわかる。

ところで、このような巨石や、高度に発達した石積みの技術を駆使して、実際に大規模な石塁造りをしたのは何者なのであろうか。

ここでも、また織田信長に登場を願わねばならない。

永禄十二年（一五六九）、信長は京都に上り、将軍足利義昭《あしかがよしあき》のために二条《にじょう》城を築いた。これは、現在の二条城（中京区）とは場所も違って中京区室町通りにあったが、このとき、城の外郭はほとんど切り石を使って、石造りの城を築いた。この築城の現場で信長に会ったポルトガル人の宣教師ルイス・フロイスは、本国に宛《あ》てた書簡の中に「日本では見たこともない石造りの城」と報告している。

もちろん、この石造りの城を築いたのは、鉄砲に対する防御が第一であった。

もちろん、信長らしい権勢誇示《けんせいこじ》もある。そして、このときの石造りの技術者が、「穴太者《あのうもの》」であった。

穴太《あのう》というのは地名で、江州《ごうしゅう》、今の滋賀県大津市穴太《あのう》であり、「穴太者」はここにいた石工《いしく》の集団である。この職人は古くから五輪の塔や石塔の製造に従事しており、石切りと石の細工に熟練していた。信長はこれに目をつけて城の石垣造りの職人として使った。穴太のあった坂本の城主明智光秀の助言ともいう。

同じく近江《おうみ》の八幡《はちまん》に近い「馬淵《まぶち》」の石工も、城造りの石役《いしやく》として駆り出されたが、こちらのほうは主に石臼《いしうす》などを造っていたため、穴太に比べると細工がデリケートなので、切り石に従事し、石垣の組み上げは主に穴太の石工の仕事となった。

彼らは二条城、安土城、大坂城にと、その石垣造りの腕を振るったので、その技術が高く評価され、諸大名に召し抱えられ、石垣の構築、補修に従った。

のちに石垣構築の技術者を「穴太役《あのうやく》」と呼んだのは、ここからきている。

日本人のすぐれた技術と感覚は、城の石垣造りにも十分に発揮された。石の力学を経験的に計算し、しかも、芸術的なまでの表現をなしとげたのが、日本の城特有の石垣の組み方と勾配《こうばい》の美しさである。

●加藤清正は石垣造りの天才だった

日本には世界一、というものがわりあいに多い。その一つ、現在、世界でいちばん大きな城の遺構は江戸城である。

その面積は、残っている内部だけでも堀を含めると、二〇〇万平方メートルを超える。城郭のみでなく、かつての城下町の広さでも、バビロンの都も洛陽《らくよう》の都も江戸の比ではない。

江戸城は、その面積の巨大さを誇るだけではない。広範な地域にわたる構築物の規模と、その構築術がすぐれている。

徳川幕府の政庁であり、将軍の居城として伝えられてきた江戸城は、その防備の主体は、堀と土塁であった。今でも三宅坂《みやけざか》あたりから眺める堀と土塁は、類《たぐい》まれな景観を呈している。私は外国からお客があると必ずここを見せるが、彼らはお世辞ではなく、そのすばらしさに驚嘆する。

昭和四十八年（一九七三）の二月、江戸城の九段の「牛《うし》が淵《ふち》」の石垣のくずれがひどくなったので、その補修工事が行なわれた。これまで江戸城の高さ十数メ

精巧な基礎工事を行なった江戸城石垣

ートルに達する石垣の基礎は、地盤の弱い所ではおそらく、「丸太を何層にも組んで土中に深く打ち込み、しっくいで固めたもの」であろうということになっていた。ところが、三百六十年にわたって数十万トンの重さを支えてきた石垣の基礎は、四、五層に練り固められた粘土と、横に一列に並べられた松の角材だけであった。この簡単な仕組みがわかって、江戸城石垣構築基礎工事の謎が解けた。

牛が淵は下のほうに三、四層の石を野面《のづら》に積み、その上に約一〇メートルの土手を盛った石垣、土塁併用の郭《くるわ》だ。この下部石垣を掘り下げてみると、約一メートルで粘土の層にぶつかった。そして縦四五センチ、横三五センチ、長さ三・五メートルの松の角材が一列に並び、その下はさらに何層にも練り固められた粘土の層があった。その粘土は層ごとに種類の違ったもので、江戸付近のものとは異なり全国から集められたもので、普請《ふしん》、すなわち城の基礎工事に粘土という材質が有効に使われていたことが明らかになった。

松材は松ヤニが強いため、防腐、耐水性に富んでいる。この粘土と松材が、強力に現代の基礎工事に使われるコンクリートの役割を果たしていたのだ。

さらに昭和五十年一月には、石垣の傷《いた》みの激しい「清水堀《しみずぼり》」「和田倉堀《わだくらぼり》」「馬場《ばば》先堀《さきぼり》」「日比谷堀《ひびやぼり》」などが調査された。この江戸城の主要部分の石垣の高さは二メートルから一二メートルほどだ。石垣の高さは地盤の弱い所で低く、強い所では高くなっていた。

石垣の基礎は、ここでは強固な岩盤が見つかるまで掘り下げ、大きいものは六、七トンもある石を地盤に固定して、それに砂礫《されき》を敷きつめてあった。強い岩盤のところでは問題ないが、岩盤のような強い基礎の見つからぬときは、前の「牛が淵」のように粘土を何層にも固め、松材を使用した。

このときの調査でさらにわかったことは、石垣の水はけに対する工法で、このためには外側の石積みと内側のローム層の間に裏ごめ石を、八〇センチから一二〇センチの厚さで入れてあり、水圧によるふくらみ、崩れを防いでいた。

江戸城の構築は、諸大名の助役で天下普請という大工事だから、各国の大名がそれぞれの地区を担当して工事した。築城の名手加藤清正は、浅野長晟《ながあきら》とともに日比谷あたりの石垣工事を命ぜられた。

江戸時代の学者真田増誉《さなだますよし》という人の書いた『明良洪範《めいりょうこうはん》』という本によると、清正は日比谷が湿地だったので、まず武蔵野《むさしの》の萱《かや》を刈り取って沼に入れさせ、近所の子どもたちをその上で自由に遊ばせた。浅野家のほうでは工事が進み、石垣もどんどんできたが、清正のほうはいっこうに進まない。皆が清正のことを何をしているのだと笑ったが、まだ本格的な仕事にかかる気配もなかった。しばらくして土地が固まったころ、石垣造りにとりかかったが、浅野家の完成よりは、だいぶ遅れた。ところがしばらくして、大雨が長く降り、基礎の弱かった浅野家の石垣は、なんと崩れてしまった。しかし清正の石垣はびくともしなかった。人々ははじめて清正の城普請の深謀を知り、大いにほめ讃《たた》えたという。

以上の話は一つの寓話《ぐうわ》だが、このような城造りのすぐれた技術が、江戸城の石垣調査でも科学的に解明されたのである。

築城の謎が、いつのまにか石垣の話になってしまった。城造りで石垣は大切な部分には違いないが、次に一般的な築城の秘法の話をしよう。

城には数々の構築上の秘法があるのだが、戦国時代、すぐれた武将が体験的に知っていたことを伝聞して、江戸時代になると軍学者が一応の学問的体系を整えた。戦乱がすでにおさまり平和の時代のことだから、机上《きじょう》の空論的なところもあるが、そのアウトラインはこうだ。

江戸時代の築城術の流派としては、武田信玄がおこしたといわれる甲州流、その流れをくむ北条流や赤穂《あこう》浪士の討入《うちい》り太鼓《だいこ》で有名な山鹿《やまが》流、その他、長沼《ながぬま》流、上杉謙信の越後流、楠木正成《くすのきまさしげ》の楠木流、源　義経《みなもとのよしつね》の義経流などが知られている。

しかし、いずれもその内容はこじつけが多く、好事家《こうずか》の遊びのようなところがある。これらの諸流の根源は、中国の孫武《そんぶ》、呉起《ごき》の『孫子《そんし》』『呉子《ごし》』、呂尚《ろしょう》（太公望）の『六韜《りくとう》』、黄石公《こうせきこう》の『三略《さんりやく》』であり、それに日本的なロジックを加えたものである。

たとえば山城《やまじろ》築城に当たっての北条流と山鹿流を比べてみると、北条流では独立した山、つまり男山《おとこやま》を用い、この山の尾根《おね》つづきの山（女山）を一緒には用いないとしている。必要上、女山を使う場合は、尾根を切り落として独立の山としなければならない。これは尾根伝いの攻略を防ぐためである。

山鹿流の山城築城では、そびえ立ったような足下の視界のきかない山は選ばない。麓《ふもと》に攻め登る敵がよく見えないことと、そのような地形の山では、水の確保が難しいからだという。

要するに、この程度の違いなのである。

兵学書のうちで築城に関係のあるものに、次のような書物がある。

小幡勘兵衛景憲《おばたかんべえかげのり》の『甲陽軍鑑末書抄《こうようぐんかんまつしょしょう》』、北条氏長《うじなが》の『兵法雄鑑《へいほうゆうかん》』『雌鑑抄《しかんしょう》』『士鑑用法《しかんようほう》』、山鹿素行《そこう》の『武教全書《ぶきょうぜんしょ》』『兵法神武雄備集《へいほうしんぶゆうび》』、長沼澹斎《ながぬまたんさい》の『兵要録《へいようろく》』、加治景英《かじかげひで》の『武門要鑑抄《ぶもんようかんしょう》』、荻生徂徠《おぎゅうそらい》の『鈐録《けんろく》』。

城の専門書としては『城事記《じょうじき》』『城取秘伝抄《しろとりひでんしょう》』『築城要類《ちくじょうようるい》』『築城記《ちくじょうき》』『城取《しろとり》伝模図《でんもず》』『築城故実《ちくじょうこじつ》』『城制図解《じょうせいずかい》』など。『主図合結記《しゅずごうけつき》』は、城の平面略図のみを収録したものである。

しかし、どの本もタイトルがいかにも兵法、築城の秘術を伝えているかのように思えるが、内容は大差なく、意識して他流と差をつけているようなところもある。しかし、これらの集大成された軍学書がもし戦国時代のはじめにあったとしたら、相当な秘法であったろう。また、現代人でもこの兵学の真にいうところを体得すれば、一つの変わった処世術を得られるかもしれない。

そして、あなたは現代の乱世の名将ともなり得るだろう。

7

なぜ難攻不落《なんこうふらく》の小田原《おだわら》城は落ちたのか

——戦乱の最盛期、小田原無血開城の謎

〈この章に登場する主な史跡〉

小田原城

早雲寺

堀越館

韮山城

石垣山一夜城

●戦国時代、唯一の城郭《じょうかく》都市であった小田原

「長びいて決まらない相談」のことを〝小田原評定《おだわらひょうじょう》〟という。

これは豊臣秀吉《とよとみひでよし》が北条氏を小田原城に攻めたとき、北条氏は城内の重臣を集め、戦うか降伏するか、会議を開いたが、いつまでたっても結論が出なかった、という故事《こじ》からきている。

小田原評定などという名言？　まで残した小田原征伐のいきさつはこうだ。

豊臣秀吉は北条氏政《うじまさ》、氏直《うじなお》父子にたびたび上洛《じょうらく》を勧《すす》めたが、彼らは、これに応じない。すでに天下人《てんかびと》になって、日本の覇権《はけん》を握った秀吉にとって、北条氏の従うでもない、あいまいな、むしろ反抗的な態度は許せない、というので、北条氏討伐《とうばつ》となった。

天正《てんしょう》十八年（一五九〇）三月、本隊は秀吉とともに京都を発《た》つと東海道を下り、別の一隊は中仙道《なかせんどう》から関東に入って、北条氏に属する城を攻略する。その総数は二十万人。秀吉ははじめ箱根湯本《ゆもと》の早雲寺《そううんじ》に本拠を置き、小田原城を包囲した。

現在の小田原城は、JR東海道本線小田原駅から南に歩いて十分くらいのところに本丸があり、公園になっていて、昭和三十五年（一九六〇）に復興した天守閣がある。現在、この天守閣がある場所には天守が四回建てられた。はじめは北条氏の天守、次は寛永《かんえい》十年（一六三三）の天守、これが地震で壊《こわ》れると、三回目が宝永《ほうえい》三年（一七〇六）に再建され、明治まで残った。今の鉄筋コンクリート製天守が四回目。この城址《じょうし》は江戸時代になって封じられた十万石クラスの大名の居城に見合ったもので、秀吉に攻められた当時の小田原城は、この本丸を中心としてはいたが、全体の規模ははるかに大きかった。

『北条五代記』という本では、小田原城のもっともさかんなときは、東西五十町、南北七十町、周囲五里となっているから、当時大坂城につぐ大城郭である。北条氏の石高《こくだか》は二百五十万石だったから、これだけの城がもてたのだが、この小田原城は、戦国大名の居城としては著しい特色をもっていた。それは城が天守、本丸、二の丸、三の丸などの郭《くるわ》だけでなく、侍屋敷はもちろん、町人、職人の城下町まですべてを含めた城内とし、外郭までを堀、土塁、石垣で防備する構えをもつ、日本では珍しい城郭都市だったからだ。

中世から近世にかけてのヨーロッパでは、城主のいる城下町は町ぐるみ武装され、城郭都市になっているのは常識だが、城主のいない自由都市でも、町の外側に頑丈《がんじょう》な城壁をめぐらして防備している。この城郭都市の構想は、すでに古代の文明圏でも見られ、中国、インド、メソポタミア、エジプトなどの諸都市は、すべて壮大な城壁で守られた町だった。

ところが、不思議なことに日本では、城郭都市がほとんど発達しなかった。天皇の城下町である都城、平城《へいじょう》京や平安《へいあん》京にしても、その防備は、手本とした中国の都城に比べると、比較にもならないほど軽防備で、形式的に土塁や堀をめぐらした程度だ。中世の武士や豪族の居城・居館などは、まったく孤立した住居の防備で、非戦闘員の住居はむしろ近づけなかった。中世の居城や居館が近世になって、やっと城下町をともなうようになった。それでも、城の防備は居城が中心で、城下町全体の防備は形式的なものだった。

この本のテーマの一つにもなっているように、城は人間の知恵を結集して造られるものだから、文化の低い民族にすぐれた城は造れない。日本の近世城郭の多くは、世界の城のなかでも、例を見ないほどすぐれている。

とすれば、ここで当然二つの疑問が生じる。それは、日本でヨーロッパのように城郭都市が発達しなかったのはなぜだろうか、ということと、小田原城だけが堅固な城郭都市になったのはなぜか、ということだ。

●なぜ日本には、ほかに城郭都市がなかったのか

日本で城郭都市が他の文明圏のように発達しなかったのは、日本列島の特殊な地勢、民族構成、政治情勢が主な理由である。

日本列島が、まだ大陸と陸つづきであったころ、大陸の北から、あるいは朝鮮半島をつたって人々がやってきた。南のほうから舟できた人たちもあっただろう。日本は海洋性の気候だ。大陸のように、冬は極端に寒く、また南方のように、いつも暑い、ということはなかった。山や海の自然の食糧にも恵まれていて、稲作の文化がはじまる以前でも、食糧事情、生活環境はよかったから、食物、住居をめぐる争いは他の地方より少なかった。人類は、いい環境に住めば和《なご》やかになることは、今も太古も変わりはない。

日本が地球の変動で、大陸から分離して列島になってからも、混成された部族がそれぞれの地方で生活し、大和朝廷が生まれるまでは、強大な部族の結合は行なわれなかった。そのため、大部族が労働力を集結しなければ造れないような大

構築物、つまり城郭都市を築くだけの力をもたなかった。また、その必要もなかったのである。城郭都市は、もともときびしい生活環境と異民族との軋轢《あつれき》の中に生まれるものなのである。

かといって、人の社会に闘争はつきものだから、部族が住む集落を防備する構想がなかったわけではない。古代の住居の遺跡が発掘されると、防備のための土塁や堀の跡は見られるが、ただその防備の程度が軽い。

武士という階級が興《おこ》ると、戦いは戦闘員のみがする、という考えがさらに強くなり、城や居館は、非戦闘員の住居地区とは分離される傾向があった。

外国では、一つの町が攻められた場合、住民全員が殺されてしまうという例があるが、日本では、よほどの場合でなければ、非戦闘員の大量の虐殺ということはない。農耕経済の時代では、住民は生産の担《にな》い手であり、資源でもあるから、領主にしてみれば、領民を保護する必要があるわけである。日本では敵に攻められて籠城《ろうじょう》する場合でも、領民を城に入れて守らなかったのは、戦闘が民族的な殺戮《さつりく》戦ではなかったからだ。かといって、日本でも戦いが一定の規則に従って行なわれたわけではない。勝った側の掠奪《りゃくだつ》暴行は戦争につきものだ。

戦国時代になり、城主と一族の住居と戦闘基地である居城は、さらに発達するが、城下町を含めてまでの防御はさほど重要視されない。

近世大名の居城では、惣構《そうがまえ》とか惣曲輪《そうぐるわ》といって、城下町全体を守る構えはどこでも造られた。都城である京都でも、土居《どい》という外郭は造られている。いわば日本的城郭都市だが、戦時に敵を迎えて戦う設備というよりは、城下町の外郭として内外の出入りを区分し、警備するという、平時の警備的な機能のほうが強いのも日本的特色である。このような理由で、日本には城郭都市は発達しなかった。

●戦国の幕開け、北条早雲の戦略

小田原が城郭都市になったのは、北条氏初代の長氏《ながうじ》の考えからだ。

北条長氏、伊勢新九郎《いせしんくろう》長氏、のち早雲《そううん》と号したこの人の経歴は、不明なところが多く、生まれた所さえもはっきりしない。駿河《するが》の今川氏に仕《つか》えてから名前が現われるが、今川氏から伊豆に近い興国寺《こうこくじ》城を与えられたのが、関東に勢力を伸ばすチャンスとなった。

まず堀越公方《ほりこしくぼう》足利氏の内紛につけ入って堀越館《やかた》を奪い、足利氏を追った。延《えん》徳《とく》三年（一四九一）のことである。堀越館は、城としては防備が悪いので、韮山《にらやま》城を築いてここを拠点として小田原に触手を伸ばす。

早雲が韮山から狙った小田原城の城主は、大森藤頼《おおもりふじより》である。関東管領《かんれい》足利氏の執事《しつじ》、上杉家に仕え、そのころの城は小峯山《こみねさん》という丘上にあった。鎌倉時代、土肥《どい》氏の一族が居館をはじめて構えたところである。

小峯の城跡は、現在の小田原城天守とはＪＲの線路をへだてた西方の丘の上にあり、そばに学校などがあるが、北条氏の城のときには城内になっていて、小峯曲輪《くるわ》と呼ばれた。

明応四年（一四九五）九月、早雲は小田原の大森藤頼に使者を出す。そして、

「当国内で狩りをしましたところ、鹿《しか》、猪《いのしし》などが箱根山に逃げ込みました。それでこちらの勢子《せこ》を入れさせていただいて、獲物を当方の領内に追い返したいと思います。勝手な頼みですが、お許しをいただければ幸いです。この件、いかがなものでございましょうか」

といった口上を述べさせた。

藤頼も、自分の領内に他人を入れるのは迷惑な話とは思ったが、断われば角が立つ。勢子が入るくらいならいいだろう、と承知した。

早雲は、さっそく武勇のすぐれた若者を数百人、勢子に変装させ、合戦慣れした侍を犬引きに仕立て、竹槍をもたせ山狩りらしくみせかけて、夜討ちの仕度《したく》で山に入れる。千頭ばかりの牛の角《つの》に松明《たいまつ》を結び山に運び上げ、夜になって松明に火をつけ、螺貝《ほらがい》の合図とともに一斉に鬨《とき》の声を上げ、小田原の城と城下目がけて走らせた。あらかじめ忍ばせてあった細作《さいさく》（スパイ）には、町に火をかけさせた。

異様な物音に、藤頼が物見の櫓《やぐら》に上って見ると、城を目ざして箱根山の方面から、おびただしい松明が驚くほどの早さで動いてくる。千頭の牛というのは、集めるだけでも大変な数だから、誇張だろうが、夜なのでたとえ百頭だとしても大軍が攻めてきたように感じただろう。藤頼は、はじめ何事かと見当もつかなかったが、そのうち、早雲に謀《はか》られたことに気づく。

大いに憤《いきどお》って、城兵を集め防戦しようとしたが、ちょうど上杉の加勢に出かけて家来も少なく、思うように人数もそろわない。早雲のほうはそんなことも計算ずくだ。藤頼が手勢を連れて戦おうとしたが、とても勝目はない。家来に勧められて城から逃げ出した。

この早雲が使ったのは火牛《かぎゅう》の計、といって中国の軍略にある。源平の戦いの

現在の小田原城天守閣

とき、木曾義仲《きそよしなか》がこれを使い、平家《へいけ》の軍を破ったが、城攻めに使ったというのは前例がない。

一種の心理作戦だが、考えてみると、牛を集めるのにも相当な手数がかかるし、牛もあとで必ず一人で、いや一匹で自分から帰ってくるとは限らないから、そのロスでも大変だ。しかし、城と領地を奪うとなれば、そのくらいの投資は必要なのかもしれない。

ともかく小田原攻めは成功し、早雲は城と大森氏の領地を手に入れた。早雲が小峯城に入ってみると、地の利はいいが、城が小さすぎる。ここで考えたあげく、大築城計画を立てる。

●早雲の治政が生んだ城郭都市・小田原

早雲が小田原を手に入れた明応四年（一四九五）という年は、そののち戦国の雄として雲のように巻き起こる武将たち、武田信玄《たけだしんげん》、上杉謙信《うえすぎけんしん》、織田信長《おだのぶなが》、豊臣秀吉、徳川家康《とくがわいえやす》などがまだだれ一人も生まれていない。わずかに、前年に美濃《みの》の斎藤道三《さいとうどうさん》が、二年後に、安芸《あき》に毛利元就《もうりもとなり》が生まれるという、いわば戦国の前期だ。

早雲はすでにこの時代、領国の統治の基《もとい》は人心の収攬《しゅうらん》（把握《はあく》し、収めること）にあり、領国の繁栄は農民の保護と商工業者が安心して住める城下町の形成にあることを考えていた。そのためには、城主や将兵だけを守る城ではいけない。城下町に住む者をすべて守れるような城を造る必要がある。

堀越館を足利氏から奪ったときも、さっそく足利氏の旧領内に三カ条の禁制札《きんせいふだ》を立てた。

一　空家《あきや》に入って諸道具に手をかけぬこと
一　金銭に相当するものをどんな物でも奪ってはならぬこと
一　国中の侍ならびに土民にいたるまで、住んでいるところから立ち去らぬこと

こんな平易な政策で庶民にのぞんだから、人々も安心した。また税率を下げ、課役《かえき》を免除したので、領民は早雲の治政を喜んだ。

小田原を本拠にと考えた早雲は、城を中心として職人、商人が住む、市《いち》の栄え

る城下町の構想を立てた。城下町に移り住む者にさまざまな特赦《とくしゃ》を与え、しかも、領主の力によってその安全を保証するということを実際の、惣構《そうがまえ》を厳として築くことによって、領民に示した。

このため、領国内の職人、商人は小田原の城下に集まり、みるみるうちに惣構の内は民家が建ち並び、小田原の城下は活気があふれた。

この密集した民家が、敵が万一侵入したときにも、大軍を動かすことのできない防壁になった。ただし、そのころの民家は木造で火には弱いため、火の用心は行きとどいていた。万一失火した場合は、その理由を問わず厳罰であった。敵襲に対しても、放火の対策として一区割単位の防火空間がとられていた。

この城郭都市、小田原城はけっして短期間にできたものではない。早雲は、新しい小田原城の中心となる本丸を大森氏の小峯山から谷を経て東にある丘に移し、北、西、南の山地を取り入れ、相模《さがみ》湾にいたる宏壮な地域にすべて土塁と堀を築いた。さらに本丸を中心として二重の郭《くるわ》を築いたので、三重に武装された城になったが、この工事は早雲からのちも氏綱《うじつな》、氏康《うじやす》、氏政《うじまさ》と受けつがれて完成した。

北条氏時代の城と城下町の絵図は、現在も伝わっているが、これを見ると、その構造がよくわかる。

小田原が日本では他に例を見ない城郭都市として発足したのは、北条早雲のアイデアであり、それをねばり強く完成したのは、北条五代にわたる当主たちであったのだ。

●武田・上杉も歯が立たなかった小田原城

永禄《えいろく》四年（一五六二）三月、越後の上杉謙信が小田原城を攻めた。このとき、小田原の城主は、早雲から四代目の北条氏政だった。北条氏の勢力が北関東に伸びてきたので、上杉氏の力とぶつかったためだが、沼田・前橋（群馬県）を経て謙信の軍はまたたく間に上野《こうずけ》、武蔵《むさし》、相模の北条氏の諸城を落とし、小田原の城下に迫った。

氏政は謙信の軍が強いことを知っているから、小田原の城郭の城門を固めて籠城し、戦うことをできるだけ避けた。このときの謙信の軍は九万六千の大軍というが、実際には二万くらいだったらしい。このとき小田原の城郭は周囲が五里もあるのだから、二万くらいの兵では完全に包囲できない。城の守りが固いから、さすがの謙信も攻めあぐねた。そのうち、兵糧《ひょうろう》が不足しそうになったので兵を引き揚げた。

上杉謙信はのちに、天正五年（一五七七）になって能登《のと》の七尾《ななお》城を落としたが、このときにも、はじめは相当にてこずった。

謙信は天正四年、上洛《じょうらく》するため能登の畠山《はたけやま》氏に協力を求めたが、畠山氏は尾張《おわり》の織田信長と結んで、逆に謙信の上洛を阻止しようとさえしたので、謙信は七尾城を囲んだ。七尾城は小田原のように平山《ひらやま》城の大城郭ではなく、山城《やまじろ》だが、その城は三〇〇メートルほどの山頂に本丸があって、二の丸、三の丸があり、山は険しく谷も深い。この城では大軍を動かすこともできないので、攻めはしたが落城しない。一度兵を引き揚げて、城内に縁を求めて内通者をつくった。謙信という人は直情、清廉《せいれん》な性格をもつ武将だから、あまりそのような戦い方はしないが、やはりどうしても落とさなければならない城ともなれば、そんな戦術も使う。

翌年七月になってまた七尾城を攻めた。ちょうど城主の畠山義春《よしはる》が死に、今度は開城論者がいて城内の士気が一様にそろわない。モタモタしているうちに、夏のことで城内に疫病が流行した。死人が出たこともあって戦意ははなはだしく低

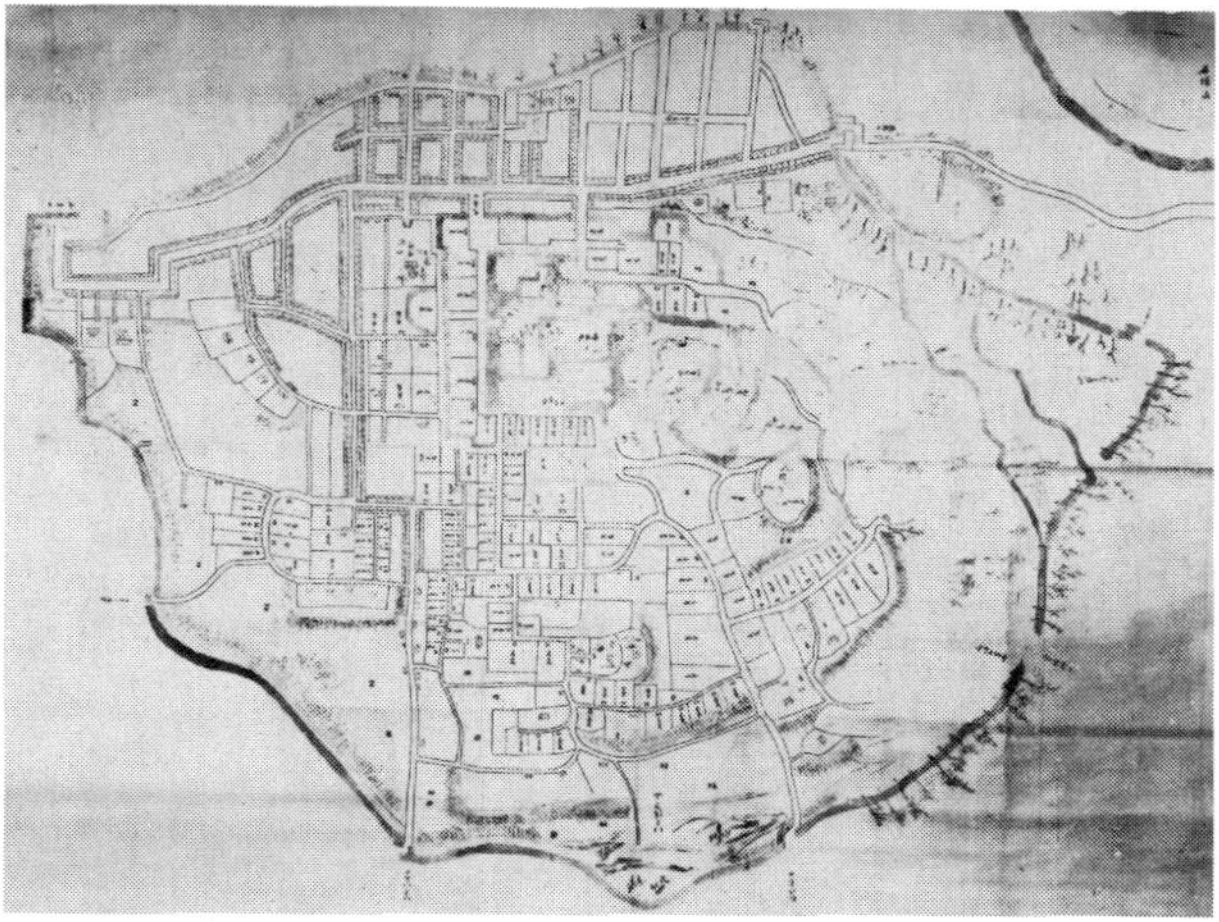

小田原は日本一堅固な城郭都市だった

下し、ついに降伏してしまった。信長からの援軍がきたとき、城はすでに落ちていた。この七尾落城もいってみれば武力で攻め落としたのではない。

この七尾城攻略ののち、謙信がつくった詩が「十三夜《じゅうさんや》」である。

霜は軍営に満ちて秋気清し
数行の過雁《かがん》月三更《こう》
越山《えつざん》併《あわ》せ得たり能州の景
さもあらばあれ　家郷遠征を念《おも》う

なかなかの名詩だが、後世の人の作という説が強い。疫病や内通者で城が落ちたのでは、謙信もこんな詩興《しきょう》はわかなかったかもしれない。

永禄十二年（一五六九）八月には甲斐《かい》の武田信玄が二万五千の兵を率いて小田原城を攻めたが、このときも小田原城が落ちなかったのは、城が大城郭でしかも防備が堅く、北条氏の兵力も城を守るのに十分な人数がそろっていたからだ。
二、三万の精兵《せいへい》があれば通常の城なら落城させることはできるが、小田原城くらいの大きい城になると、攻撃する面積が広すぎて兵の動かしようがない。一カ所から攻撃をすれば損害は非常に大きくなり、どうかすると反撃されて敗《やぶ》れる可能性も出てくる。そのため簡単に兵を動かせないのだ。城内には食糧も豊富だから、持久戦になれば攻撃しているほうがはるかに不利になる。

このとき、謙信でも信玄でも十万くらいの兵と十分な食糧と、しかも自分の領国が留守中におびやかされるような敵がまったくなかったら、小田原は落城しただろう。

しかし、北条氏にとってこの二つの戦いの経験が、これから二十年ほどのちの小田原籠城に誤算となって現われるのだ。

●石垣山一夜城《いしがきやまいちやじょう》を築いた秀吉の知恵

はじめに箱根早雲寺に本拠を置いた秀吉は、小田原の包囲が終わると基地を石垣山に進めた。

もともとこの山は西の高山とか笠懸山《かさがけやま》とか、松が多いので松山などと呼ばれていた。石垣山という名は、秀吉が城を築いて石垣が高く積まれたために起こった。

秀吉はよく一夜城を築く人で、彼の出世のはじまりになった永禄五年（一五六二）、墨俣《すのまた》（洲股）城は、一夜のうちに城ができたという伝説があるが、このときは他所に城を築くことにして材木を他の場所で木組みさせ、川に流して墨俣で上げ、一夜のうちに組み立てて、その上に板や白紙を張って壁と見せ、狭間《はざま》などを描かせたのだ。城は一夜で出現したが、城の区域の地ならしとか土台、木組みなどには日数がかかっている。しかし敵から見れば、一夜のうちに城ができたことになる。それまでは、城造りにかかると総攻撃されて壊されたものだが、秀吉はその通例を破り、築城に成功し、しかも、これで心理作戦としても、敵に恐れをいだかせたのだからみごとな着想だ。

秀吉は小田原でもこの手を使った。

ただ小田原の場合、石垣山の城は本格的な築城だった。本丸の天守台は東西約三六メートル、南北約一六メートルという大きいもので、二の丸、三の丸など多くの郭《くるわ》があり、櫓、城門も備えた。城造りにかかったのは天正十八年（一五九〇）の四月九日ごろ、完成したのが六月の二十六日ごろだから八十日ほどかかっている。

このときも天守閣ができてから、小田原城に面した本丸の松の木をすべて伐《き》り

淀君《よどぎみ》が化粧の水を得たという“化粧の井戸”

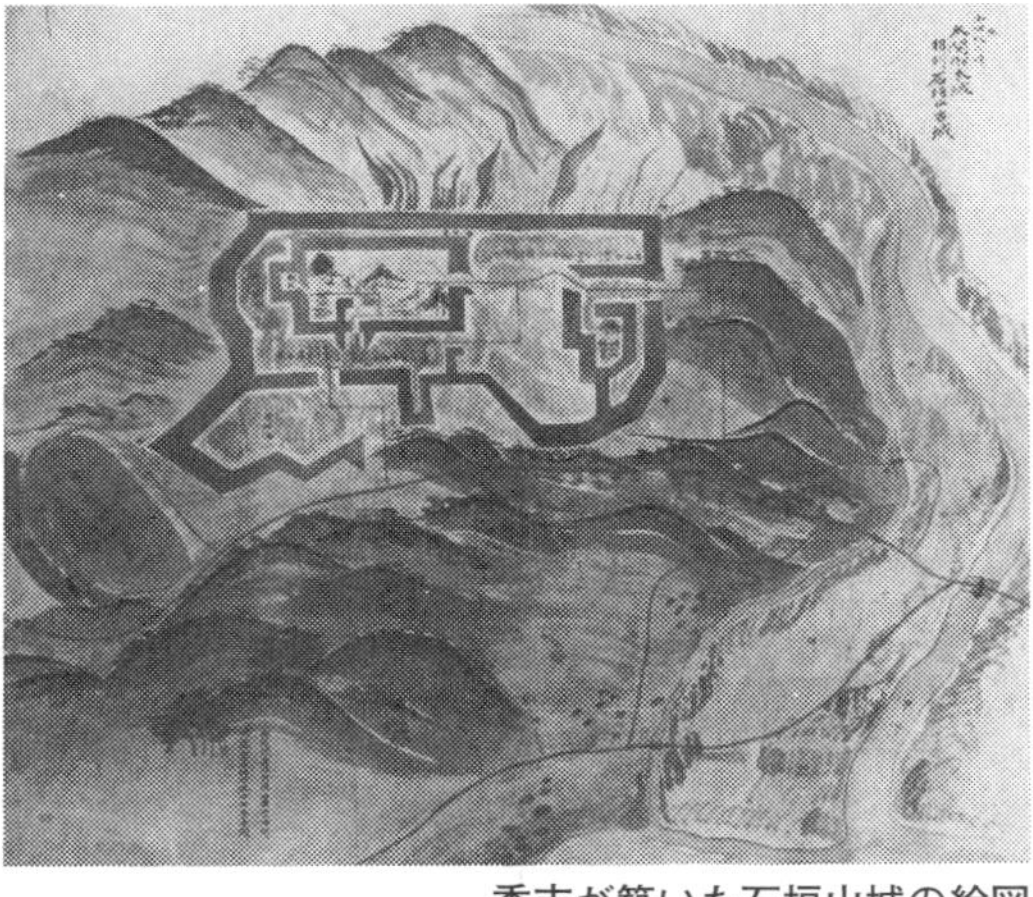

秀吉が築いた石垣山城の絵図

払ったから、小田原側から見ると、一夜のうちに城が現われたように思われた。

石垣山城は西の高山の頂上にあり、高い石垣の上に建てられた天守の白壁が輝き、箱根連山を背景に小田原を威圧《いあつ》するようにそびえた。城内には書院、数寄屋《すきや》をしつらえた屋敷があって、諸将の陣屋もならび立ち、秀吉は従軍した大名たちに、国から妻妾を呼び寄せさせた。秀吉も淀殿《よどどの》をはじめ松の丸、三の丸、大納言など四人の側室を呼んでいる。城内で茶の湯、歌舞の会なども開かれ、長期の対戦を予想した城だった。

石垣山は、小田原駅のとなりの早川という駅から近い所にあり、二四一メートルの山である。途中まではみかん畑になっていて、みかんの収穫に使うコンクリートの道がついている。この道が切れてさらに登ると本丸だが、現在は説明板と、大きな石が転がっているだけである。井戸曲輪《いどくるわ》という一郭があって、化粧の井戸、というのが残っている。淀君の化粧の水を得るために秀吉が掘らせたともいうが、長期に使う城だから水利はよかったはずである。水のない所だったら居城は造れない。もし水のない所に城を造るのならわずかの間の仮の砦《とりで》である。

本丸から晴れた日なら小田原の町がよく見える。あまり品のいい話ではないが、秀吉と家康がここから小田原を見ながら立小便をしたという話があり、関東の連小便《つれしょんべん》という言葉ができた。秀吉はこのとき関東八カ国を家康に差し上げるといったので、連小便は大変な吉兆である、などと書いた古書もあるくらいだ。

そのような事情で石垣山城は相当に規模の大きい城で、臨時の築城などというものではなかった。城を攻めるとき長期になりそうなときは対《たい》の城、陣城などといって敵に対して城を築くのは城攻めの定石《じょうせき》だが、日本でもっとも大きい対の城はこの石垣山城だった。

そののち文禄《ぶんろく》の役、つまり朝鮮出兵のとき、秀吉は九州北西部の名護屋《なごや》に海外出兵の基地として、石垣山よりさらに大規模な名護屋城を築いた。これも一種の対の城だが、相手は外国で、前進基地の役割だ。この城には五層五重の天守まであった。

秀吉が石垣山に居城していたのは百日くらいだが、小田原が落ちるとそののちはまったく使用されなかったので、建物は近くの大名が解体して木材を利用し、城跡は自然にかえってしまった。今では城趾《し》に松風の音を聞くのみだ。（編集部注・現在は石垣山一夜城歴史公園になっている）

●戦わずして落ちた小田原城の悲劇

北条早雲から五代にわたって築き上げられた大城郭都市、小田原城はなぜ落城したのだろうか。

北条氏の防備は箱根、足柄《あしがら》などの天険を前線として、山中《やまなか》、韮山《にらやま》の城をはじめ多くの砦に将兵を配置して、主力は小田原の本城に籠《こも》るという作戦だった。小田原の背後には北条氏に属する関東地方の諸城があった。

また北条氏はこの小田原攻めのはじまる三年ほど前から、秀吉と戦う可能性あり、として領国内の城、砦の修築・増強を行ない、戦闘要員の徴兵と、戦闘に使用できる者の名簿を作らせた。弓、刀、槍、鉄砲など兵器を準備することを命じ、人夫の役を逃れようとする者とその責任者は厳罰とし、よく働く者には恩賞を与えるなどの五カ条の掟《おきて》を出している。

だが北条氏に属する多くの城は戦意があまりなく、頑強に抵抗したのは山中、韮山、八王子、忍《おし》、館林《たてばやし》などにすぎない。

石垣山に本陣を置いた秀吉は、のんびりと詰め将棋でもするように小田原を囲み、少しも急がなかった。この小田原攻撃に先だって秀吉は十三カ条の禁令を出している。放火掠奪の禁止、抜けがけの先陣の禁止、小旗、鉄砲、弓、槍などの戦陣の順序の厳守、そのほか細心の配慮がされていた。秀吉のほうはどう間違っても負ける戦いではないので、のんびりしたものだが、かといって大軍をたのんで一気に落とせる小田原城でもない。

海には徳川家康が用意した軍船、物資の輸送船が三百艘《そう》も浮かんで、それこそ蟻《あり》のはい出るすきもなく、城への補給はまったく断たれているのだが、小田原は二、三年は外部からの補給がなくても籠城できる用意を備えている。攻撃軍の部将には、詳しい小田原の城の見取図と、北条軍の兵力配置図が渡されているが、あまり激しい戦闘は起こらなかった。

しかし、北条氏のこの籠城には誤算があった。

北条氏がこの秀吉の力をあまりにも低く見すぎたことが最大の誤りだが、北条氏の当主氏直が徳川家康の女婿《じょせい》であったので、少なくとも徳川家康は北条氏に味方はしないまでも中立の立場をとり、陰で援助をしてくれると計算した。さらに関東や東北の大名たちのおおかたが、北条氏に味方すると考えた。また秀吉が大軍を動かせば莫大な食糧が必要だから、補給線が伸びきり、長い日数の包囲は無理だからそこを反撃し、悪くても和睦《わぼく》に持ち込めるとの考えもあった。

しかし、北条氏の計算はすべてはずれてしまったのだ。

石垣山一夜城の構築といい、秀吉の戦陣の余裕たっぷりの日々といい、その徹底した作戦には、さすがの北条氏も力の差をまざまざと見せつけられた。

小田原評定が連日開かれた。

城郭はびくともしていない。兵力、武力、食糧も十分にあり、日々の生活もまったく変わっていない。そのなかで北条氏の将兵の戦意だけははなはだしく低下していった。北条氏の老臣松田憲秀《まつだのりひで》が秀吉に内通して主家を裏切り、部将の皆川《みながわ》広照《ひろてる》も部下を連れて秀吉の軍に降伏した。

「小田原城中群疑《ぐんぎ》蜂起し、兄は弟を疑い、弟は兄を隔《へだ》て、父子の間も睦《むつま》じくない」

という、籠城としては人心の動揺という最悪の状態になってしまったのだ。

北条氏直は隠居していた父氏政《うじまさ》と相談してついに降伏、開城した。

包囲から四カ月後のことだった。無血開城だから、華々しい戦いは小田原城では行なわれていない。

小田原落城が物語っている真実はこうだ。

守城側の兵力よりも攻城側の兵力が圧倒的に大きい場合には、城はどのような大城郭、名城でも落城する。城が堅固でも、大軍に囲まれて孤立した場合、強力な援軍がくる可能性がない限り籠城は無駄なことである。北条氏の場合、援軍の可能性はまったくなかった。また城主の決断力と統率力がなければ、名城もその威力を発揮することができない。北条氏政、氏直父子がよりすぐれた武将で、もっと政治力をもっていたら、戦局は異なった形で展開しただろう。情況の判断を誤ったことが致命的であった。

結論的にいえば、小田原城は凡庸《ぼんよう》な城主をもったために落城したのだ。北条氏に時流を見る目があり、早期に秀吉の傘下《さんか》に入っていたならば、小田原城と関東の一部の領国は無事であったかもしれない。

小田原城は戦わずして落城したのである。

●天下の大坂城がなぜ落城したのか

日本で大きい城攻めの戦いといえば、小田原と大坂だ。

難攻不落、金城鉄壁という言葉はすべて大坂城のためにあるとさえいわれた。

当時の日本一の名城、大坂城はなぜ落城したのか。

　後世の史家、作家が大坂落城の謎をめぐって、その理由を探し、考察しているが、果たして大坂落城の謎はそれで解き明かされたのであろうか。

　大坂落城は戦国時代の完全な終わりであり、これを契機として城の役割も大きく変わるのだが、城はもともとは戦いに備えた守勢的な構築物である。ときには敵を攻める拠点として攻撃的な城が造られることもあるが、敵の来襲に備えて、石垣、濠、土塁などの構築物を構え、城門、櫓、天守などの建築物を設けて、適当な場所に兵士を配置して敵と戦うことが城の役割だ。

　大坂城は天下人《てんかびと》になった豊臣秀吉が築いた。城造りのくわしいことは6章の「大坂城の謎」のところで述べたが、その大きさといい構造の巧みさといい海内《かいだい》無双《むそう》の城といわれ、当時は日本でいちばんの城だった。

　家康と豊臣氏との大坂城をめぐる戦《いくさ》は、二回行なわれた。はじめの戦は大坂冬の陣（一六一四）と呼ばれる。開戦の理由はばかばかしい。秀吉の死後大坂城にいた豊臣秀頼《ひでより》が、亡父の追善供養《ついぜんくよう》のために造った京都方広寺《ほうこうじ》大仏殿の鐘《かね》の銘文の中にあった「君臣豊楽《くんしんほうらく》　国家安康《こっかあんこう》」という文字が、家康を呪詛《じゅそ》するものである、とのいいがかりだ。

大坂城の攻防（大坂の陣屏風《びようぶ》より）

家康の心中は、先の関ヶ原の戦いで徳川家は天下の権を握ったので、豊臣氏も徳川に臣従することを望んだ。しかし豊臣氏は六十五万石余の大名になり下がったとはいえ徳川に従う意志はなく、逆に、時期がくれば豊臣恩顧《おんこ》の大名たちの援《たす》けで、政権を取り返したいとの態度が見える。そこで家康は自分が生きている間に豊臣氏のかたをつけなければならないと考えた。だから強引《ごういん》にでも開戦の口実をつくらなければならない。それが鐘の銘文に文句をつけることになったのだ。豊臣氏もはじめは懸命に釈明したが、家康ははじめから戦いに誘うつもりだから、無理難題の条件を出す。こうして戦いになった。

慶長《けいちょう》十九年（一六一四）十一月、大坂城は徳川二十万の大軍の攻撃を受けた。秀頼を大将とする大坂方は十万の兵があり、大野治長《はるなが》を主将として、大坂方の戦意もさかんで、たびたび城から出撃して局地的には徳川軍を破った。真田幸村《ゆきむら》も大坂城の出郭《でぐるわ》、真田丸にいて徳川軍に大きな打撃を与えている。

徳川方も大砲をさかんに射ちかけたり、地下道を掘って城を地下から爆破するといいふらす心理作戦まで行なったが、さすがに大坂城はびくともしない。軍資金も食糧も兵力も十分だから、数カ月の攻撃では落城はしそうもない。家康はこの大坂城の堅固さを見て、このままで長びいては都合が悪いと考えた。大坂城攻撃がうまくいかないと、豊臣恩顧の大名たちの動向も気がかりだし、いまさら天下がくつがえるほどのことはなくても徳川の威信にもかかわる、と考え、次の手を打つため和睦《わぼく》することにした。

和睦作戦も入念なものだった。包囲をますます固めるジェスチュアを示し、大砲を激しく射ちかけ、間断なく攻撃をしかけ、さまざまな流言によって城兵の疲れと、心理的不安をあおった。和睦のための人物作戦には織田有楽斎《うらくさい》、大野治長などを狙い、淀君《よどぎみ》に対しては妹常光院《じょうこういん》の子京極忠高《きょうごくただたか》が徳川方の陣にいたのでこの手づるから家康の愛妾《あいしょう》、阿茶《あちゃ》の局《つぼね》を交渉に当たらせた。

秀頼は和睦には反対だったが、連日連夜の大砲攻撃と徳川からのさまざまな流言、謀略、説得があり、ついに和睦に応じることになる。戦力では五分五分の戦いをしながら、和睦では家康の謀略にはめられた。

●なぜ大坂城は濠《ほり》を埋めたのか

大坂城は抜群の防御力をもった城だが、その威力のポイントは深い濠と高い石垣である。惣構《そうがまえ》の内部、外部で攻撃側が大軍を野戦のように動かしがたい地形に造られているのも城の守りの一つである。和睦の条件はいろいろあったが、その一つ、二の丸、三の丸の濠を埋めることには豊臣と徳川の間に解釈の相違があった。というよりは、ここに家康のペテンがあった。

和睦の約束で決められた外濠《そとぼり》のみでなく、徳川の将兵たちは本丸の内濠までも埋めてしまった。大坂城は濠を埋められ、石垣も一部分が壊され、本丸は丸裸に近い状態になってしまう。大坂方は話が違うと濠の掘りおこし作業をはじめたが、これがまた再度の開戦の口実を家康に与えた。冬の陣の和睦ののちわずか半年で戦いが再開した。

これが慶長二十年（一六一五）四月にはじまる大坂夏の陣である。城の防備の主要部分を壊された大坂方は城に籠って戦うことができない。出撃して野戦となる。

四月二十八日から五月六日にかけて、大和《やまと》、和泉《いずみ》、片山《かたやま》、道明寺《どうみようじ》、八尾《やお》、若江《わかえ》の各方面で戦闘がはじまり、大坂方はよく戦ったが、城を出ての野戦では二十万対十万の兵力の差が決定的である。徳川に属した細川忠興《ただおき》は、「勝敗は半々であったが、こちらの人数が多いから勝った」といっている。

五月七日、岡山、天王寺方面の戦いがあり、真田幸村が家康の本陣、茶臼山《ちやうすやま》を襲い、徳川軍を混乱させる戦闘もあったが、幸村もその日戦死し、その他多くの部将も戦死した。こうして夕方までに大坂方の主力はくずれてしまった。大台所から火を発した大坂城は石垣を残し、建物は灰燼《かいじん》に帰した。

秀頼、淀君、大野治長らは炎上する天守からわずかに残った朱三櫓《あけさんのやぐら》という櫓に逃れた。千姫の脱出を条件に豊臣一族の命を助けるという治長の交渉も家康から拒否され、五月八日、櫓に火を放って全員自害し、豊臣氏と大坂城は滅びてしまう。

●じつに巧みだった家康の謀略

大坂城はなぜ落城したか……。

それは、大坂城にこの城に拠《よ》って戦えるだけの城主がいなかったことが最大の原因だ。秀頼という城主はいたが、十万の軍を指揮し、戦えるだけの器量はなかった。そのほか総指揮官として権力を振るい、軍略を駆使できる武将はいない。知将といわれた真田幸村も単なる軍師格で、政治的発言力はなく、淀君や大野治長などが主導権をもっていたが、二人とも大軍を率いて戦える能力はない。

名城というものは、有能な指揮者がいて、戦意のある兵も城を守るに足りる数があり、武器、食糧も十分であれば数倍の敵の攻撃に耐えられる。それのみでなく逆に敵を破って敗走させることも可能である。冬の陣では指揮者以外のあらゆる条件は大坂城に備わっていた。城がすぐれていたから短い日時では徳川方は城を落とすことができなかった。

第二の原因は徳川方の謀略《ぼうりゃく》の成功である。

冬の陣の和睦は、すでに大坂城落城の第一歩であった。和睦の条件に事よせて、城の防備機構が奪われてしまった。大坂城が秀吉によって造られたとき、秀吉に部下の将が、

「この城はどのような大兵を以《もっ》て攻めても落とすことはできますまい」

といった。秀吉は笑いながら、

「この城を攻め落とすには二つの方法がある。その一つは、城兵の数十倍の大軍で包囲し、年月をかけて城内の糧食《りょうしょく》が尽きるのを待つことだ。その二つは一時和睦を入れ、濠を埋め、石垣をこわし、城の力を奪い、そのうえで攻撃すれば落ちるだろう」

といった、と『武功雑話《ぶこうざつわ》』という本などにある。秀吉もそのときは、まさか自

分の言葉どおりに家康が大坂城を落とすとは考えもしなかっただろう。

しかし大坂城が冬の陣のまま和睦もせず、戦っていたらどうであろうか。いずれ和睦で城を明け渡すかなんらかの形で落城はする、それははじめの理由によるのだが、大坂方に籠城戦の結果、徳川を破るだけの力はすでにない。豊臣恩顧《おんこ》の大名の蜂起《ほうき》もすでに望みはうすい。

城を守るのも人、城を攻めるのも人、名城の力が十分に生きるのは名将によってのみである。

8

なぜ城の絵図《えず》は正確無比だったのか

——農家の土蔵に埋もれていた会津若松《あいづわかまつ》城絵図の謎

〈この章に登場する主な史跡〉

会津若松城

北ノ庄城

弘前城

●なぜ城絵図《えず》が農家の土蔵に眠っていたのか

明治の終わりのころ、会津《あいづ》の下郷《しもごう》村（現在の福島県南会津郡下郷町）のある大きな農家の主人が、土蔵を改築しようと荷物を運び出させていたら、油紙で厳重に包まれた書類のようなものが出てきた。

主人はこの品物に心当たりがない。

旧家の土蔵には、家伝来の大切な品物が入っているほか、永年にわたってコレクションされた、いろいろなガラクタもあるもので、主人は、さほど貴重品とも思わずひもを解くと、それは折り畳まれた会津若松城の絵図だった。広げてみると東西が三・〇二メートル、南北が二・五メートルもある大きなもので、会津若松城の天守閣はじめ櫓《やぐら》、城門など城内の建物と、石垣、土塁《どるい》、堀などの構築物のすべてが丹念に描かれ、そのうえ城下町の町割りまで細かく記入されている。その彩色の巧みさ、鮮やかさから見て、おそらく名のある絵師が描いたものということになった。

この城絵図発見のニュースはたちまち会津地方に広まり、この農家を訪ねる歴史家、郷土史家、好事家《こうずか》はしばらく後を絶たなかった。

のちにこの絵図は、会津若松の士族に買い取られ、さらに郷土史家で会津若松市の市史編纂委員である山口孝平《やまぐちこうへい》氏が所有していた。

城の絵図や古文書《こもんじょ》が、地方の旧家から発見されるという話はよくあることで、別にさほど不思議なことではないが、会津の城絵図が農家から出てきたことから、二つの謎が投げかけられた。

もともと会津若松城は、縄張《なわば》りがすぐれ、規模も大きく名城のほまれが高い。天守閣は明治になって解体され、その他の建物もなくなってしまったが、城址《じょうし》はよく残っていた。

しかし、どうしたわけか、会津には城や城下町のくわしい絵図、図面が伝わっていない。

ところが、この農家の土蔵から見つけ出された絵図は、きわめて精密であった。それまでよくわからなかった城の構造や建物が、この絵図のおかげで完全に解明されるというほど貴重な資料だった。そのため、会津の歴史家、郷土史家の間では、この絵図がいつ、どのような目的でつくられたのだろうか、ということが大きな問題となったのである。

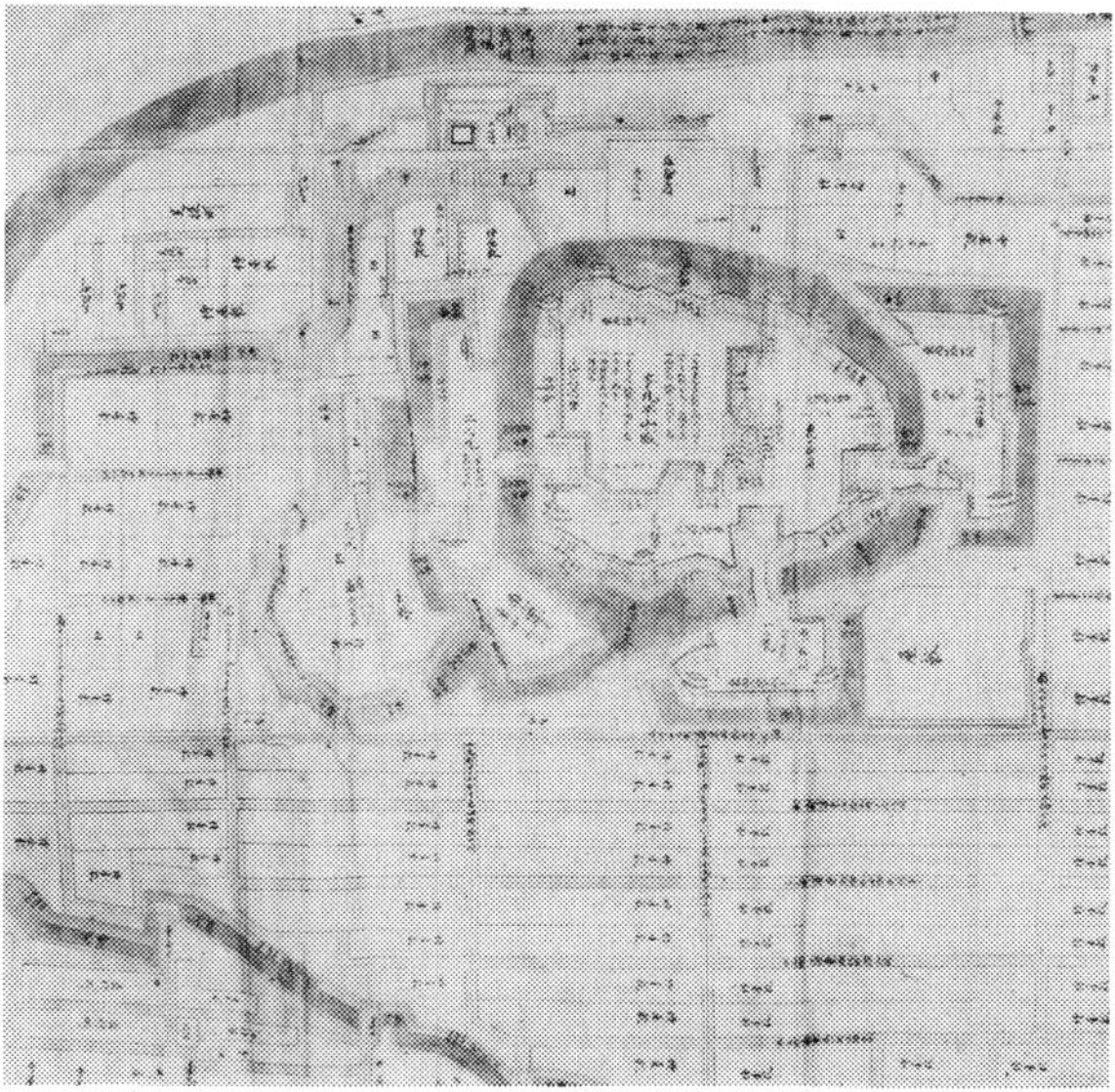

農家の土蔵から発見された精密な会津若松《あいづわかまつ》城絵図

絵図作成の年代は容易にわかった。

それは保科肥後守《ほしなひごのかみ》という会津の城主の名前と、正保《しょうほう》三年（一六四六）という年号が絵図の裏に記入されていたからだ。そこで会津藩の記録である『家世実紀《かせいじっき》』という書物を調べてみると、正保三年八月の項に城絵図を幕府に提出したという一文が見つかった。

ところが、なぜ城絵図を幕府に提出したか、ということについては何の記述もない。

会津の有志が東京に出て、専門家を訪ねたり、図書館で古文書を調べた結果、徳川幕府は三代将軍家光《いえみつ》の正保元年十二月に、日本全国の城持ち大名に対して、その居城と城下町の絵図を製作して提出するように命じた記録があった。

会津藩と幕府の記録とを照合して、会津の農家から出てきた城絵図が、正保三年八月、保科肥後守正之《まさゆき》から幕府に提出された絵図である、ということが確かめられた。

ところが、幕府江戸城の文庫におさめられたはずのその絵図が、二百六十年ほども年を経たのちに、なんのかかわりもない会津の一農家からなぜ出てきたのか、ということになると、だれにもわからない。

さらに、このような精密な絵図を、徳川幕府がどのような目的で全国の諸大名から提出させたか、ということになると、いっそう想像もつかなかった。

この城絵図についての二つの謎を解く前に、名城といわれる蒲生氏郷《がもううじさと》の築いた若松城に目を向けてみよう。

●大坂城に次ぐ城を造った蒲生氏郷

日本に一人しかいないはずの天皇が二人いた、というのが南北朝という変な時代だが、この終わりころの元中《げんちゅう》元年（一三八四）、北朝の年号では、至徳《しとく》元年、芦名直盛《あしななおもり》が岩代国黒川《いわしろのくにくろかわ》に新しく城を築いた。

これが会津若松城の前身である。黒川というところは会津盆地のほぼ中央の丘陵で、それまでは亀《かめ》の宮《みや》という小さい社《やしろ》があった。日本の城は、近世のものでもその創築の年代や築城者のわからないものが多いが、会津の場合、築城の年代も造った人もはっきりしている。

この芦名直盛という人は、もと相模《さがみ》国の三浦氏一族で、佐原義連《さはらよしつら》の子孫である。義連は源頼朝《みなもとのよりとも》に従って平泉《ひらいずみ》の藤原泰衡《ふじわらのやすひら》を討《う》ったのち、岩代国の守護になった。

この地に住みついてから芦名氏を名乗ったが、直盛はその七代目で、それまでの居城の猪苗代城《いなわしろ》が狭くなったので、黒川に土地を選び、新しく城を構えた。

この時代では、城とはいってもまだ住居でもあったから、屋敷を土塁で囲い、外側に堀を掘った程度のもので、天守閣などはもちろんまだ造られていない。それにかわるのは井楼《せいろう》（丸太で組みあげた物見やぐら）で、何か情報が入ると見張りの者を立てて敵襲に備えた。

芦名氏を名乗ってから二十代目の義広《よしひろ》のとき、天正《てんしょう》十七年（一五八九）黒川城は米沢《よねざわ》の伊達政宗《だてまさむね》の攻撃を受けて落城、政宗は米沢から黒川に居城を移す。政宗はこのときすでに東北地方を手に入れたいと考えて、その根拠地としては、黒川がいいと計算していた。

一方、敗れた芦名義広は、水戸《みと》の佐竹《さたけ》氏を頼って逃れた。

政宗が黒川を居城とした翌年、豊臣秀吉《とよとみひでよし》が北条氏の小田原を落城させ、兵を会津まで進めて、東北地方の領主の首のすげかえをした。

会津には蒲生氏郷が七十万石で入城したが、氏郷を会津に入れるについてはこんな話がある。

秀吉が家康に、伊達政宗という奴はどうも信用できないので、会津にはだれかしっかりした大名を置きたいが、だれがいいだろうと相談した。家康が、では、入札しましょうかというので、二人がこれと考える者の名を書いて照合したところ、秀吉は「一番堀久太郎《ほりきゅうたろう》、二番蒲生氏郷」、家康は「一番蒲生、二番細川忠興《ほそかわただおき》」となっていたので、氏郷が選ばれたという。ほかにもいろいろな話があるが、これらは軍記本の作者の創作だろう。

ところが、当人の蒲生氏郷は、それまでの松坂《まつさか》十二万石から一躍会津七十万石になったのに、あまり喜ばなかった。ある人がそのわけをたずねると、

「都の近くにいれば、いずれ天下に望みをもつこともできるが、いくら大身でも都から遠く離れた田舎ではしかたがない」

といった。

しかし氏郷は、時の流れには逆らえないと悟ったのか会津に移り、居城の大改築にかかる。

この当時は、戦国時代の終わりごろだが、東北地方はまだ不安定で、実戦略的にも十分役立つ城が必要だった。また、領国を統治するうえでも、大守らしい居城を持たねばならなかった。人間は住んでいる家を見れば、ある程度その人の値

打ちがわかるといわれるくらいだが、この時代ではなおさらで、城は大名の顔のようなものだった。

氏郷は、思い切って大きい城を築いた。

会津若松は、今では付近に温泉も多く観光的にも知られているが、この町を訪ねる人が必ず見るのが白虎隊《びゃっこたい》の遺跡とお城である。城跡はよく残っていて、本丸には昭和四十三年（一九六八）に復原された天守閣が建っている。明治九年（一八七六）に天守が解体される前に写した古写真があったので、それを忠実に模して造られたものである。

しかし、明治九年に解体されたときの天守閣は五層だが、氏郷が建てたのは七層の天守だった。

天正のこの時代までに、日本の城で七層以上の天守をもっていたのは、織田信長《おだのぶなが》の安土《あづち》、柴田勝家《しばたかついえ》の北《きた》ノ庄《しょう》、豊臣秀吉《とよとみひでよし》の大坂だけである。

安土と北ノ庄は、もう落城していたから、文禄《ぶんろく》二年（一五九三）に完成した氏郷の七層天守は、このとき、日本で大坂城に次ぐ二番目に大きい天守ということになる。江戸、名古屋、姫路《ひめじ》、熊本などの天守ができるのはまだあとのことだ。

七層天守落成の話を聞いた伊達政宗は、例の片目をむいて大いに憤《いきどお》った。

●関ヶ原合戦の原因をつくった若松城の改築

政宗にしてみれば、せっかく広げた領土を、秀吉の命令で、もとの領土だけ残して取り上げられてしまったのである。なおも折りがあれば、東北地方を切り取って自分の領国を広げたいと思っていたところだから、氏郷の会津城の完成は、目の上のこぶで、くやしさも一通りではなかった。

氏郷は、城の名も黒川城から若松城と改めた。白虎隊の唄《うた》に出てくる〝鶴ヶ城《つるじょう》〟というのは、姫路《ひめじ》城を白鷺《しらさぎ》城というように、芦名氏のころからのニックネームである。

城の大きさ、精巧さは、大名の石高に比例する。

石高は財力だから、いい城を構えるにはお金がかかるということだ。だから、日本の名城といわれる城は、みな大きい石高の大名が築いたものである。例外的に石高以上の立派な城を築いているのは、他からなんらかの目的で援助があった場合である。弘前《ひろさき》城は十万石の大名にしては宏壮な城郭だが、城主の津軽《つがる》氏は徳川氏とは縁つづきで、幕府にしてみれば東北地方を北から抑える、という目的もあり、築城をたすけている。伊賀上野城《いがうえの》、丹波篠山城《たんばささやま》など、当時の情勢から見て、弘前城と似たような例である。

ともかく、氏郷が情熱を傾けて築いた七層の大天守が会津に出現した。だが、この七層天守の構造や外観がどんなものであったかはわからない。すでに何の資料もないからである。

氏郷は四十歳で京都で死んだ。下血《げけつ》（痔《じ》）の病で、名医が治療したが効果がなかった。秀吉も心配して医者を送っている。

この人が健康に恵まれて秀吉の死後まで生きのびていたら、日本のこの時代の歴史は、ある程度変わっていたかもしれない。氏郷はそれぐらい才能豊かな武将だった。

氏郷の死後、会津百万石（加増で百万石になっていた）は、その子秀行《ひでゆき》が継いだが、家中《かちゅう》にトラブルがあって百万石は取り上げられ、宇都宮《うつのみや》十八万石に移された。蒲生氏のあと会津に入ったのが上杉景勝《かげかつ》で、その石高は百二十万石、上杉家の家中一同、氏郷の築城の巧みさに感心した。大守の居城として十分だったが、上杉のほうが家来の人数は多いから、侍《さむらい》屋敷は広げた。

関ヶ原合戦は家康による上杉征伐に端を発している。景勝による若松城の増改築と新城の構築が理由である。石田三成《みつなり》と友好関係にもある上杉家は、家康にとって目ざわりな存在であった。その上杉が、自分の城を固めはじめたのである。石田方家康が挑発されたと思っても不思議はない。この家康の上杉征伐により、石田方と徳川方は全面戦争に入るのである。関ヶ原合戦は徳川の勝利であった。その結果、上杉氏は米沢に移され、再び若松城へは蒲生秀行《ひでゆき》が六十万石で入るのである。しかし秀行には子がなく断絶し、加藤嘉明《よしあき》が四十万石で城主となり、その子明成《あきなり》が継いだ。

●なぜ七層天守が五層になったのか

この明成が、氏郷が造った七層の天守を五層に改築したことになっている。記録には、上層の二階をけずった、というのだが、これはちょっとおかしい。前に書いたように、若松城天守は明治九年まで残っていて、古写真もある。そして、この外観五層の天守は、江戸時代にたびたび大修理されたが、ほぼ加藤明成の改築した天守ということになっている。

古写真を見ると、その形は上層の二層分を取り除いた、というものではない。

天守閣の建築は、工法や外観のうえからも、一定の縮減の比率というものがあって、もし七層の天守の上二層を除けば、もっと奇妙な形になる。古写真からすると、この天守は五層として造られたものだ。とすれば、記録の七層から五層に改築、というのはどういうことなのか。

これには二つの場合が考えられる。一つは、氏郷の天守閣は、五階七層だったのではないだろうかということである。よくある例だが、天守の階層の数え方で、外観と内部の数の合わないことがある。外から見ると、五階で、内部は七階になっている場合、形容としては七層天守閣といっても、別におかしくはない。そして加藤明成の改築は、外観の改築ではなく、内部の層を改めたと考えられる。

理由は、戦国時代の天守は実戦的な意味と工法で、各階の天井はわりあいに低くできている。槍などの武器が使えないようにしたものである。とくに会津の場合、地下穴蔵を入れて七層としても、各階の高さは低い。太平の世になって、天守閣の実戦的価値がとぼしくなれば、いろいろな目的、たとえば実用上、天井を高くするために改造されることが当然あるだろう。

もう一つは、氏郷の天守が加藤明成のときか、次に城主となった保科氏のとき

伊達《だて》政宗《まさむね》をくやしがらせた蒲生《がもう》氏郷《うじさと》の会津《あいづ》若松《わかまつ》城（復興の天守）

会津若松城。明治のはじめころの古写真

に、七層から五層にけずるのではなく、大改築か建て直しをされたものではなかろうかという見方である。しかしこの時期は、おそくとも正保三年（一六四六）以前である。それは、正保三年に幕府に提出された会津若松城絵図に描かれた天守閣が五層であるからだ。

徳川幕府は、大坂の陣が終わった元和《げんな》元年（一六一五）に〝一国一城令〟を出し、必要以上の大城郭の造営を禁じているから、もし若松城が外観七層であったとしたら、元和以降入城した大名のだれかが、正保三年以前に天守閣修築のとき五層に改めたものであろう。

加藤明成は変わった大名だったが、寛永《かんえい》二十年（一六四三）、お家騒動で四十二万石を幕府に返上し、そのあと山形にいた保科正之《ほしなまさゆき》が二十三万石で会津に入封《にゅうほう》する。正之は将軍家光の異母弟だから、会津は徳川幕府にとっても重要な地点だったのだ。

●尊王学者・山県大弐《やまがただいに》がつくった『主図合結記《しゅずごうけつき》』

城の図面がなぜつくられるか、というとまず築城者の設計図である。これは縄《なわ》張《ば》りの図面と普請《ふしん》と作事《さくじ》の図面があった。現代風にいいかえれば、全体的な設計図と土木工事用図と建築工事用図であり、築城術的な図面だ。次に作戦用図で、守る側にしてみれば防御工事を考えたり、人員の配置を考えるためのもので、攻める側からすれば城の欠点を探し出して攻撃のポイントを決める。抜け穴や間道などを図面上でも調べる。

普通の城攻めでは、落城のとき間道などは知らぬ顔をして空けておいて敵を逃すことも多かった。皆殺しにする必要がないときには、敵を絶体絶命の窮地に追い込むと味方も損傷が多くなるからだ。しかし、間道などから食糧を運び込んだり、援軍との連絡に使われては困るので、城攻めのときはこのようなことも調べなければならない。それには図面が正確でなければ役に立たない。

城の図面のなかには、政治的な目的でつくられるものもあった。城主から上級者に報告用、城の修理計画や城下町の都市計画などの要図としてである。

いずれにしても戦国時代の終わりまで城の図面はすべて秘密書類であり、城主や重臣以外の目にふれることはなかったから、なおさら忍者などがスパイとして潜入し、図面を盗んだり、模写したりする必要があったのだ。

山県大弐という学者が明和《めいわ》四年（一七六七）八月、幕府に捕らえられて死罪にされた。

大弐は尊王《そんのう》学者として名声があり、その弟子も千人におよぶといわれたくらいで、幕府がその尊王思想を嫌ったためだが、その罪状の一つに、諸国の城郭の縄張り図を集めて教科書とし、諸国の城攻め法を講義したというのがあった。徳川幕府にとっては、おぞましい存在であったのだろう。

大弐の死後、弟子たちがこの城の縄張り図を集めて編纂《へんさん》したものが、『主図合《しゅずごう》結記《けっき》』である。

全十巻で城の図と城主の記録である。内容は畿内八城、東海道三十一城、北陸《ほくりく》道《どう》十二城、東山道《とうさんどう》四十一城、山陽道《さんようどう》十二城、山陰道《さんいんどう》十城、南海道《なんかいどう》十城、西海道《さいかいどう》二十四城、合計百四十八城が集められている。この○○道というのは江戸時代の地方割だ。街道の名前と同じだが、この場合はブロックである。図柄はわりあいに簡単な縄張り図だが、この書物は模写されて日本全国に相当数があった。なかには豪華に装丁されたものもある。

この『主図合結記』、今になると城の資料的価値はほとんどないのだが、江戸時代ではまだ各藩の機密に属することだから、これを山県大弐がどうして集めたかということが謎だ。一説には、大弐の弟子は千人におよび全国の藩の者がいたので、それぞれから城の様子を質《たず》ねて作成したともいうが、それだけの数の弟子がいたというのは、ちょっと信じられない。

『主図合結記』の内容は、図面が不正確なものが多い。机上のテキストとしては使用できても実際の縄張りとは相当に違っている。

江戸時代も中期以降になってこのようなものが出回ったのだろう。慶安《けいあん》四年（一六五一）の由井正雪《ゆいしょうせつ》の挙兵計画のとき、正雪は江戸城を取ったあと、全国を抑えるため主要の城の見取図をすべて集めていたが、これが世に広まったという説もある。

現在も、この『主図合結記』は、原本、写本が数多くあり、方々で所蔵されているが、その一つが国立公文書館内閣文庫にもある。

●家光《いえみつ》が各藩に提出させた正保城絵図《しょうほうしろえず》の謎

国立公文書館は、東京の皇居北の丸公園にある文字どおり国立の資料館だ。古文書《こもんじょ》、公文書《くもんじょ》を保存するために万全の設備をした近代的なビルで、閲覧室もあるが、一般公開ではない。この中に内閣文庫というコレクションがあり、その一部に城、城下町、街道、領国などの古図類もおさめられている。貴重なものが多いが、なかでも正保年間に、家光が各藩に提出させた『正保城絵図』は彩色の大判絵図で、『主図合結記』とは比較にならぬほど精度が高く、重要文化財クラスの資料だ。美術的にもすぐれている。いつかフランス人の東洋史を勉強している人に見せたら、その図面の精巧さと色調の鮮やかさに、日本人は城の絵図にまでこのような美的表現の世界をもつのかと驚いていた。ヨーロッパにも美術的古図は多いが、正保城絵図ほど大判なものはあまりない。

正保城絵図は、現在、内閣文庫に六十三図ある。

この章のはじめに、会津の農家から発見された会津若松城絵図が正保城絵図であった、ということを書いた。この絵図が出たことによって投げかけられた二つの謎を、このあたりで解くことにしよう。

徳川幕府がなぜ諸大名に城と城下町、そして領国の絵図を提出させたか、その目的は……。

城の内部は城主にとって機密事項である。それを一般的に公開されないとしても、幕府に提出しろというのは諸大名にとって、幕府の前で、裸体で身体検査されるにも似たようなことであった。

諸大名のこのような不満と抵抗を抑えてまで絵図提出に幕府がふみきったのは、

○諸大名に城と領国が預《あず》かりものであるということを再認識させる
○幕府の威勢を示し、諸大名の城、領国に対する機密性を幕府がにぎる

この二点が目的だった。

もともと戦国時代の大名は、いちおうの名分としては領国は日本の国のものであり、国主である天皇と、その政治の代行者である幕府から預かったものだ、とは考えていたものの、戦乱の世では自分の力や一族、家来の血を流して切り取った土地であり、自分のもの同様である、という考えがあった。信長、秀吉、家康と時代が進み、領国の城主もめまぐるしく変わったところもあったが、戦国時代以前から同じ領地にいる大名は預かりものという認識がうすい。その意味で絵図提出の命令は、きわめて幕府の威勢を示すのに有効だったのだ。

幕府の威勢を示すということでは、三代将軍家光は将軍就任の席で、

「祖父家康、父秀忠《ひでただ》は諸侯の援《たす》けを得て将軍になったが、自分は生まれながらの

将軍である。諸侯は今後、将軍に対して臣従《しんじゅう》の礼をとられよ。それが不満ならただちに帰国して一戦を交える用意をするがよかろう」

と大見得《みえ》を切った。

これは幕府の力がすでに定着し、諸大名にも幕府に反抗するものがいなくなった、ということなのだが、もうひと押ししておけという政策である。城絵図の提出はこれに拍車をかけるようなものだ。まず諸侯を抑えることを、平和の原則とした徳川三百年の治世の基礎もこのあたりの政治力にあるのだろう。

この政策を立てたのが、家光の謀臣《ぼうしん》で時の大老《たいろう》、土井利勝《どいとしかつ》である。

寛永三年（一六二六）に、諸国探索書を幕府がつくったのも、土井利勝と柳生《やぎゅう》宗矩《むねのり》の発案であった。

●城絵図は航空写真と一致するほど正確だった

土井利勝は寛永《かんえい》二十一年（一六四四）七月に死んだ。この年十二月十六日、年号は正保と改められる。

同じ十二月、大目付《おおめつけ》、井上筑後守政重《いのうえちくごのかみまさしげ》、同、宮城越前守和甫《みやぎえちぜんのかみまさよし》から諸大名に城絵図、国絵図、郷帳《ごうちょう》（人口と石高の記録）の製作、提出が命じられた。生前、利勝が家光に献策していたことが実行されたのである。

諸大名の反応はさまざまだった。戦国の時代のように、城を命とも頼む風はうすくなったが、祖先以来の城主は大いに不満であった。その不満が絵図提出の時期にも現われている。わりあい早いところもあれば、なかなか提出しなかった大名もある。

正保元年十二月、当時日本には約二百四十の大名がいた。そのうち城持大名《しろもちだいみょう》は百五十くらいだが、あとの石高の少ない大名は、堀や土塁をめぐらした程度の陣屋《じんや》という屋敷に住んでいた。大名の居城は元和の一国一城令で一つと決まっていたが、例外的に紀州藩の新宮《しんぐう》城や田辺《たなべ》城のような属城をもつことを許されていた大名もあり、また、たとえば正保時代の富山城（富山県）のように加賀の前田藩が預かり城をもっていたものもいた。したがって、城絵図提出を命ぜられた大名は百五十くらいだが、図面としては百六十ほどになった。

このとき幕府は、城絵図の製作について具体的な指図を出している。江戸時代、幕府の書物奉行だった近藤正斎《せいさい》の『好書故事《こうしょこじ》』によればその主なものは、

一、本二三丸間数書付《けんすうかきつけ》候事
一、殿守《てんしゆ》書入の事（殿守は天守と同じ）
一、惣曲輪《そうぐるわ》狭さ広さの事
一、城より地形高き所有る者は高所と城との間の間数《けんすう》書付候事、惣構より外に
　高所あるとき共に書付候事
一、侍町小路割《さむらいまちこうじわり》、間数之事
一、町屋右同断
一、山城平城書様《かきさま》之事

そのほか本道と脇道はどう書けとか、川や山は名を入れろとか、山の木の様子を書けとか、海や川は水色に書けなどとこまかく注意書きがあった。

各大名は、正保二年から四年ころまでにこの図を幕府大目付に出したが、そのほとんどは原図を国許《くにもと》でつくり、江戸屋敷で絵師に頼んで作図している。正保絵図が作図に一定の決まりがあるのは幕府の指図であり、絵が一様に整っているのは絵師の手になるためである。

絵図提出については、大名の側の記録があるところとないところがあるが、

弘前《ひろさき》城も絵図が、内閣文庫に保存されている

二、三のものによれば、絵図を描いたのは狩野《かのう》派の絵師である。

絵図の大きさも、水戸《みと》のように東西四・一九メートル、南北二・〇一メートルのように大判のものもあれば、九州の日出《ひじ》（大分県速見郡）のように東西一・八八メートル、南北一・六五メートル程度のものもある。図面の精度も多少の違いはあるが、会津の場合だと当時の城絵図と、昭和になっての航空写真がほとんど一致するほど正確だ。

これらの絵図は一連の番号が付けられ、江戸城紅葉山《もみじやま》文庫におさめられた。

●だれが何のために城絵図を持ち出したのか

正保城絵図は、約百五十の大名から幕府に提出された。国立公文書館内閣文庫は江戸城紅葉山文庫の蔵書を伝えるものだが、正保城絵図は現在六十三城しか残っていない。

残りの絵図はどこにいってしまったのだろうか。そのうちの一枚である会津若松城絵図は会津の農家から見つけ出されたが……。

まず現在内閣文庫に残っている絵図がどこかを調べてみよう。次にあげる地名は正保元年十二月当時の日本の城名で陣屋を除き百六十二ある。

弘前《ひろさき》　**盛岡**《もりおか》　仙台《せんだい》　**白石**《しらいし》　会津《あいづ》　**白河**《しらかわ》　**二本松**《にほんまつ》　福島《ふくしま》　三春《みはる》　**棚倉**《たなくら》　中村《なかむら》　平《たいら》　**久保田**《くぼた》　**米沢**《よねざわ》　**本荘**《ほんじょう》　大館《おおだて》　横手《よこて》　**山形**《やまがた》　**上ノ山**《かみのやま》　**新庄**《しんじょう》　庄内《しょうない》　**東**《ひがし》**根**《ね》　宇都宮《うつのみや》　**烏山**《からすやま》　大田原《おおたわら》　壬生《みぶ》　厩橋《まやばし》　館林《たてばやし》　安中《あんなか》　**沼田**《ぬまた》　高崎《たかさき》　**水戸**《みと》　土浦《つちうら》　**笠間**《かさま》　下館《しもだて》　宍戸《ししど》　**古河**《こが》　佐倉《さくら》　**関宿**《せきやど》　大多喜《おおたき》　佐貫《さぬき》　久留里《くるり》　岩槻《いわつき》　忍《おし》　川越《かわごえ》　**小田原**《おだわら》　田中《たなか》　横須賀《よこすか》　浜松《はままつ》　**掛川**《かけがわ》　岡崎《おかざき》　吉田《よしだ》　**西尾**《にしお》　**田原**《たわら》　**刈谷**《かりや》　挙母《ころも》　名古屋《なごや》　犬山《いぬやま》　松本《まつもと》　**上田**《うえだ》　高島《たかしま》　**高遠**《たかとお》　小諸《こもろ》　松代《まつしろ》　飯田《いいだ》　**飯山**《いいやま》　加納《かのう》　**大垣**《おおがき》　郡上八幡《ぐじょうはちまん》　**岩村**《いわむら》　苗木《なえぎ》　**新発田**《しばた》　**村上**《むらかみ》　**長岡**《ながおか》　村松《むらまつ》　高田《たかだ》　富山《とやま》　金沢《かなざわ》　小松《こまつ》　福井《ふくい》　**丸岡**《まるおか》　勝山《かつやま》　大野《おおの》　小浜《おばま》　**膳所**《ぜぜ》　彦根《ひこね》　水《みな》口《ぐち》　津《つ》　**松坂**《まつさか》　長島《ながしま》　**桑名**《くわな》　**亀山**《かめやま》　鳥羽《とば》　淀《よど》　高取《たかとり》　**郡山**《こおりやま》　松山《まつやま》　**岸和田**《きしわだ》　和歌山《わかやま》　田辺《たなべ》　**新宮**《しんぐう》　高槻《たかつき》　尼崎《あまがさき》　三田《さんだ》　**明石**《あかし》　龍野《たつの》　赤穂《あこう》　姫路《ひめじ》　山崎《やまざき》　**福知山**《ふくちやま》　**亀山**《かめやま》　**篠山**《ささやま》　宮津《みやづ》　田辺《たなべ》　出石《いずし》　米子《よなご》　鳥取《とっとり》　**松江**《まつえ》　浜田《はまだ》　**津和野**《つわの》　**岡山**《おかやま》　**津山**《つやま》　**松山**《まつやま》　**福山**《ふくやま》　**広島**《ひろしま》　**三原**《みはら》　府中《ふちゅう》　萩《はぎ》　松山《まつやま》　今治《いまばり》　**大洲**《おおず》　宇《う》和《わ》島《じま》　高松《たかまつ》　**丸亀**《まるがめ》　**徳島**《とくしま》　**高知**《こうち》　**小倉**《こくら》　中津《なかつ》　**府内**《ふない》　**日出**《ひじ》　杵築《きつき》　**岡**《おか》　佐伯《さえき》　**臼杵**《うすき》　福岡《ふくおか》　秋月《あきづき》　柳河《やながわ》　久留米《くるめ》　佐賀《さが》　**唐津**《からつ》　平戸《ひらど》　大村《おおむら》　島原《しまばら》　厳原《いずはら》

熊本《くまもと》　人吉《ひとよし》　延岡《のべおか》　高鍋《たかなべ》　飫肥《おび》　佐土原《さどはら》　**八代**《やつしろ》　鹿児島《かごしま》

この太字にしたところが内閣文庫に絵図がある。残りの九十九城の絵図の行方は……。

慶応四年（一八六六）四月十一日、おいおいと声をあげて泣く神田や芝の江戸っ子がいた。三百年間将軍様の城だった江戸城が開城して薩摩《さつま》、長州《ちょうしゅう》、土佐《とさ》などの東征軍に接収されたからだ。

江戸城内の物品の掠奪《りゃくだつ》、器物の破損は厳重に禁じられていて、それはわりあいによく守られたが、多少は不心得者がいた。紅葉山文庫の蔵書もこのときに持ち出されたものがある。

江戸開城に先だつ四年前の元治《げんじ》元年（一八六四）に文庫の整理がされたときの『元治増補御書籍目録』には十六万巻の蔵書が記録されているが、明治政府の太政官《だじょうかん》文庫に引きつがれたときはそれよりはるかに少なくなっていた。

百六十二城の絵図があったはずの正保城絵図のうち、現在の内閣文庫に残されていない九十九枚も、このときだれかが持ち出したのである。

慶応四年八月、新政府軍は奥羽攻略の軍を進める。会津若松城に向かった軍は八月二十日、二本松《にほんまつ》方面から二隊に分かれ、猪苗代を攻撃した。また別動隊が白河《しらかわ》方面から会津に向かって進んだ。

この奥羽征伐に先だって新政府軍の、ある高官が紅葉山文庫から会津若松城絵図と仙台城絵図を持ち出して、作戦要図として、この方面の参謀である板垣退助《いたがきたいすけ》と伊地知正治《いじちまさはる》にわたした。

会津の場合、皮肉なことだが、二百二十年ほどの昔に先祖の保科正之が幕府に提出した絵図で、子孫の松平容保《かたもり》が攻められることになったのだ。

この絵図は日光口から進んだ新政府軍の参謀によって使われ、下郷村の農家が参謀部となったが、北側から会津に攻め入った軍の進撃が早かったため、日光口の軍は急いで農家を出発したが、そのときこの絵図を置いていった。若松城の総攻撃にまにあうようにあわてて立ったからだ。

農家の主人は大切なものと思い、あとにだれか取りに帰ることを予測し、ていねいに包装して土蔵にしまったものがそのまま伝えられた、というのが真相である。

これで会津若松城絵図の場合は謎が解けた。

しかし、残りの九十八城の城絵図の行方はどうなったか、仙台の場合もわりあいにはっきりしている。だがこれも奇妙な経路を経て、現在仙台市の斎藤報恩会のコレクションの中にある。そのほか、私の調査でわかった正保城絵図の所在は土浦、犬山、富山、金沢、萩、今治、福岡、熊本の八城のみである。

それ以外の絵図の行方は、杳《よう》として知れない。

一〇〇字書評

切り取り線

購買動機（新聞、雑誌名を記入するか、あるいは○をつけてください）			
□	（　　　　　　）の広告を見て		
□	（　　　　　　）の書評を見て		
□	知人のすすめで	□	タイトルに惹かれて
□	カバーがよかったから	□	内容が面白そうだから
□	好きな作家だから	□	好きな分野の本だから

●最近、最も感銘を受けた作品名をお書きください

●あなたのお好きな作家名をお書きください

●その他、ご要望がありましたらお書きください

住所	〒				
氏名		職業		年齢	
新刊情報等のパソコンメール配信を 希望する・しない	Eメール	※携帯には配信できません			

あなたにお願い

この本の感想を、編集部までお寄せいただけたらありがたく存じます。今後の企画の参考にさせていただきます。Eメールでも結構です。

いただいた「一〇〇字書評」は、新聞・雑誌等に紹介させていただくことがあります。その場合はお礼として特製図書カードを差し上げます。

前ページの原稿用紙に書評をお書きの上、切り取り、左記までお送り下さい。宛先の住所は不要です。

なお、ご記入いただいたお名前、ご住所等は、書評紹介の事前了解、謝礼のお届けのためだけに利用し、そのほかの目的のために利用することはありません。

〒一〇一-八七〇一
祥伝社黄金文庫編集長　萩原貞臣
☎〇三（三二六五）二〇八四
ohgon@shodensha.co.jp

祥伝社ホームページの「ブックレビュー」からも、書けるようになりました。
http://www.shodensha.co.jp/bookreview/

祥伝社黄金文庫

日本《にほん》の城《しろ》の謎《なぞ》〈築城編《ちくじようへん》〉

令和元年8月20日　初版第1刷発行

著　者　井上宗和《いのうえむねかず》
発行者　辻　浩明
発行所　祥伝社《しようでんしや》
〒101－8701
東京都千代田区神田神保町3－3
電話　03（3265）2084（編集部）
電話　03（3265）2081（販売部）
電話　03（3265）3622（業務部）
http://www.shodensha.co.jp/

印刷所　萩原印刷
製本所　ナショナル製本

　ISBN978-4-396-31762-1 C0126

祥伝社黄金文庫

奈良本辰也
高野　澄
日本史の旅
京都の謎
これまでの京都伝説をひっくり返す、アッと驚く秘密の数々……。有名な名所旧跡にはこんなにも謎があった！

高野　澄
日本史の旅
京都の謎　伝説編
インド呪術に支配された祇園《ぎおん》、一休《いっきゅう》和尚伝説、祇王《ぎおう》伝説……京都に埋もれた歴史の数々に光をあてる！

高野　澄
新版
伊勢神宮の謎
なぜ日本文化の故郷《ふるさと》なのか
なぜ伊勢のカミは20年に一度の〝式年遷宮〟を繰り返すのか？　独特の歴史や風土をもつ伊勢・志摩ガイド。

樋口清之
完本
梅干と日本刀
日本人の知恵と独創の歴史
日の丸弁当の理由、地震でも崩れない城の石垣……日本人が誇る豊かな知恵の数々。真の日本史がここに！

樋口清之
秘密の日本史
梅干先生が描いた日本人の素顔
仏像の台座に描かれた春画、平城京時代からある張形……教科書では学べない、隠された日本史にフォーカス。

ひすいこたろう
白駒妃登美
人生に悩んだら「日本史」に聞こう
秀吉、松陰、龍馬……偉人たちの発想の転換力とは？　悩む前に読みたい、愛すべきご先祖様たちの人生訓。